La sociolinguistique

LOUIS-JEAN CALVET

Deuxième édition corrigée

8ᵉ mille

DU MÊME AUTEUR

Aux Editions Payot
Roland Barthes, un regard politique sur le signe, 1973.
Linguistique et colonialisme, petit traité de glottophagie, 1974.
Pour et contre Saussure, 1975.
La production révolutionnaire : slogans, affiches, chansons, 1976.
Les jeux de la société, 1978.
Langue, corps, société, 1979.
Chanson et société, 1981.
L'automne à Canton, 1986.
La guerre des langues et les politiques linguistiques, 1987.
Histoires de mots, 1993.
Les voix de la ville, introduction à la sociolinguistique urbaine, 1994.

Aux Editions du Seuil
Cent ans de chanson française (en collaboration), 1972.

Aux Editions Seghers, coll. « Poésie et chanson »
Pauline Julien, 1974.
Joan Pau Verdier, 1976.

Aux Presses Universitaires de France
Les sigles, 1980.
Les langues véhiculaires, 1981.
La tradition orale, 1984.
L'argot, 1994.

Aux Editions Flammarion
Roland Barthes, 1990.

Aux Editions Lieu commun
Georges Brassens, 1991.

Aux Editions Plon
L'Europe et ses langues, 1993.

Je remercie pour leur lecture et leurs suggestions mes collègues Christine Deprez et Caroline Juillard.

ISBN 2 13 045251 5

Dépôt légal — 1re édition : 1993
2e édition corrigée : 1996, janvier

© Presses Universitaires de France, 1993
108, boulevard Saint-Germain, 75006 Paris

INTRODUCTION

La linguistique moderne est née de la volonté de Ferdinand de Saussure d'élaborer un modèle abstrait, la *langue,* à partir des *actes de paroles.* Son enseignement, qui fut recueilli par ses élèves et publié après sa mort[1], constitue le point de départ du structuralisme en linguistique. Et, malgré les quelques passages dans lesquels on trouve l'affirmation que la langue « est la partie sociale du langage »[2] ou que « la langue est une institution sociale »[3], ce livre insiste surtout sur le fait que « la langue est un système qui ne connaît que son ordre propre »[4] ou que, comme l'affirme la dernière phrase du texte, « la linguistique a pour unique et véritable objet la langue envisagée en elle-même et pour elle-même ». Saussure traçait ainsi une frontière nette entre ce qui lui paraissait pertinent, « la langue en elle-même », et le reste, et il fut suivi sur ce point par des chercheurs aussi différents que Bloomfield, Hjelmslev ou Chomsky : tous, élaborant des théories et des systèmes de descriptions diversifiés, s'accordaient à délimiter le champ de leur science de façon restrictive, éliminant de leurs préoccupations tout ce qui n'était pas la structure abstraite qu'ils définissaient comme objet de leur étude.

Or les langues n'existent pas sans les gens qui les

---

1. *Cours de linguistique générale,* Paris, Payot, 1916. Les éditions successives, nombreuses, ont conservé la pagination de la première édition. On consultera de préférence l'édition critique de Tullio de Mauro, Paris, Payot, 1985.
2. *Cours,* p. 31.
3. *Cours,* p. 33.
4. *Cours,* p. 314.

parlent, et l'histoire d'une langue est l'histoire de ses locuteurs. Le structuralisme en linguistique s'est donc construit sur le refus de prendre en compte ce qu'il y a de social dans la langue, et si les théories et les descriptions qui découlent de ces principes sont évidemment un apport non négligeable à l'étude générale des langues, la sociolinguistique à laquelle est consacrée ce livre a dû prendre le contre-pied de ces positions. Le conflit entre ces deux approches de la langue commence très tôt, immédiatement après la publication du *Cours de linguistique générale,* et nous verrons que, jusqu'à une date récente, ces deux courants vont se développer de façon indépendante. D'un côté on mettait l'accent sur l'organisation des phonèmes d'une langue, sur sa syntaxe, de l'autre sur la stratification sociale des langues ou sur les différents paramètres qui dans la langue varient selon les classes sociales. Il faudra pratiquement attendre William Labov pour trouver l'affirmation que, si la langue est un fait social, alors la linguistique ne peut être qu'une science sociale, c'est-à-dire que la sociolinguistique est la linguistique[1].

La sociolinguistique est aujourd'hui florissante, elle multiplie ses approches et ses terrains. Ce petit livre s'emploie à mettre un peu d'ordre dans ce foisonnement.

---

1. « Pendant des années, je me suis refusé à parler de *sociolinguistique,* car ce terme implique qu'il pourrait exister une théorie ou une pratique linguistique fructueuse qui ne serait pas sociale », William Labov, *Sociolinguistique,* Paris, Minuit, 1976, p. 37.

Chapitre I

LA LUTTE
POUR UNE CONCEPTION SOCIALE
DE LA LANGUE

I. — Saussure/Meillet : l'origine du conflit

Le linguiste français Antoine Meillet (1866-1936) a souligné dans de nombreux textes le caractère social de la langue, ou plutôt l'a définie comme un fait social. Et il donnait un contenu très précis à ce caractère. Ainsi, dans son article célèbre « Comment les mots changent de sens », il proposait une définition de ce « fait social », soulignant en même temps sans ambiguïté sa filiation avec le sociologue Emile Durkheim :

— « les limites des diverses langues tendent à coïncider avec celles des groupes sociaux qu'on nomme des nations ; l'absence d'unité de langue est le signe d'un Etat récent, comme en Belgique, ou artificiellement constitué, comme en Autriche » ;
— « le langage est donc éminemment un fait social. En effet, il entre exactement dans la définition qu'a proposée Durkheim ; une langue existe indépendamment de chacun des individus qui la parlent, et, bien qu'elle n'ait aucune réalité en dehors de la somme de ces individus, elle est cependant, de par sa généralité, extérieure à lui » ;
— « les caractères d'extériorité à l'individu et de coer-

cition par lesquels Durkheim définit le fait social apparaissent donc dans le langage avec la dernière évidence »[1].

On a souvent présenté Antoine Meillet comme le disciple de Ferdinand de Saussure (1857-1913). En fait, dès la publication (posthume) du *Cours de linguistique générale,* Meillet prenait ses distances et, dans le compte rendu qu'il donne du livre, il souligne qu' « en séparant le changement linguistique des conditions extérieures dont il dépend, Ferdinand de Saussure le prive de réalité ; il le réduit à une abstraction qui est nécessairement inexplicable »[2]. Car les positions de Meillet étaient en contradiction avec au moins une des dichotomies saussuriennes, celle qui distinguait entre la synchronie et la diachronie, et avec la dernière phrase du *Cours* (« la linguistique a pour unique et véritable objet la langue envisagée en elle-même et pour elle-même ») qui, même si elle n'est pas de Saussure et représente plutôt la conclusion des éditeurs, résume parfaitement son enseignement. Contradiction parce que l'affirmation du caractère social de la langue que l'on trouve dans toute l'œuvre de Meillet implique tout à la fois la convergence d'une approche *interne* et d'une approche *externe* des faits de langue et d'une approche *synchronique* et *diachronique* de ces mêmes faits. Lorsque Saussure oppose linguistique interne et linguistique externe, Meillet les associe, lorsque Saussure distingue entre approche synchronique et approche diachronique, Meillet cherche à expliquer la structure par l'histoire. En fait, *tout oppose les deux hommes dès*

---

1. Antoine Meillet, Comment les mots changent de sens, publié dans *L'Année sociologique,* 1905-1906, repris dans *Linguistique historique et linguistique générale,* Paris, Champion, 1921, cité ici dans la réédition de 1965, p. 230.
2. Antoine Meillet, Compte rendu du *Cours de linguistique générale* de Ferdinand de Saussure, *Bulletin de la Société linguistique de Paris,* p. 166.

lors qu'on se place sur le terrain de la linguistique générale. Alors que Saussure cherche à mettre au point un modèle abstrait de la langue, Meillet est tiraillé entre le *fait social* et le *système où tout se tient* : pour lui on ne peut rien comprendre aux faits de langue sans faire référence au social et donc sans faire référence à la diachronie, à l'histoire.

Face à la précision avec laquelle Meillet définissait la notion de fait social, les passages dans lesquels Saussure déclare que la langue « est la partie sociale du langage »[1] ou que « la langue est une institution sociale »[2] frappent par leur flou théorique. Pour lui le fait que la langue soit une institution sociale est simplement un principe général, une sorte d'exhortation qu'après lui reprendront bien des linguistes structuralistes, sans jamais se donner les moyens heuristiques d'assumer cette affirmation : on pose le caractère social de la langue et l'on passe à autre chose, à une linguistique formelle, à la langue « en elle-même et pour elle-même ». Pour Meillet au contraire, cette affirmation devrait avoir des implications méthodologiques, elle devrait être au centre de la théorie linguistique : la langue est pour lui *à la fois* un « fait social » et un « système où tout se tient », et il tente sans cesse de tenir compte de cette double détermination. Cela lui est assez facile lorsqu'il étudie le lexique (qu'il traite des noms de l'homme, du vin, de l'huile, ou de la religion indo-européenne) ou lorsqu'il se penche sur l'expansion des langues (par exemple sur l'histoire de la langue latine). Les choses lui sont, bien sûr, plus malaisées dans le domaine de la phonologie ou de la syntaxe, mais il demeure que son insistance constante sur ces points en fait un précur-

---

1. Ferdinand de Saussure, *Cours de linguistique générale,* Paris, Payot, 1931, p. 31.
2. *Ibid.,* p. 33.

seur. Et l'on trouve dans ce passage par exemple : « Du fait que la langue est un fait social il résulte que la linguistique est une science sociale, et le seul élément variable auquel on puisse recourir pour rendre compte du changement linguistique est le changement social »[1], une tonalité très proche de celle que l'on trouvera plus tard dans l'œuvre de William Labov.

Si Saussure et Meillet utilisent donc presque la même formule, ils ne lui donnent pas le même sens : pour Saussure la langue est élaborée par la communauté, c'est en cela seulement qu'elle est sociale, alors que, nous l'avons vu, Meillet donne à la notion de *fait social* un contenu beaucoup plus précis et très durkheimien (il collaborait d'ailleurs régulièrement à la revue dirigée par Durkheim, *L'Année sociologique*). En fait, là où Saussure distingue soigneusement entre structure et histoire, Meillet voudrait les lier. Alors que l'entreprise du linguiste suisse est essentiellement terminologique (il tente d'élaborer le vocabulaire de la linguistique pour asseoir théoriquement cette science), celle de Meillet est programmatique : il ne cesse de *souhaiter* que l'on prenne en compte le caractère social de la langue.

On voit donc que le thème de *la langue comme fait social*, central chez Meillet, est un thème profondément antisaussurien, de façon inconsciente bien sûr avant la publication du *Cours*, mais de façon consciente ensuite, et que l'histoire de la linguistique structurale postsaussurienne se caractérise par un éloignement constant de ce thème. Dès la naissance de la linguistique moderne, apparaît ainsi en face d'un discours de caractère structural, mettant essentiellement l'accent sur la *forme* de la langue, un autre discours insistant

---

[1]. Antoine Meillet, « L'Etat actuel des études de linguistiques générales », leçon inaugurale au Collège de France, 13 février 1906, repris dans *Linguistique historique et linguistique générale*, Paris, Champion, 1921, cité ici dans la réédition de 1965, p. 17.

sur ses *fonctions* sociales. Et, pendant près d'un demi-siècle, ces deux discours vont se développer de façon parallèle, sans jamais se rencontrer.

II. — Les positions marxistes sur la langue

A la même époque se mettait en place une autre approche sociale de la langue, celle qui prend naissance dans le courant marxiste. Déjà en 1894 Paul Lafargue, le gendre de Karl Marx, avait publié une étude sur le vocabulaire français avant et après la Révolution, montrant que la langue avait considérablement changé à cette période et reliant ce changement aux événements politiques. Il y avait, bien sûr, un certain mécanisme dans sa vision : « La langue classique tomba avec la monarchie féodale ; la langue romantique née à la tribune des assemblées parlementaires durera ce que durera le gouvernement parlementaire. »[1] Mais il demeure que nous avons ici la première tentative d'appliquer une certaine analyse sociologique aux faits de langue.

C'est ensuite d'URSS que vont venir les textes les plus fous ou les plus novateurs, selon les cas. Du côté de la folie il faut classer Nicolaï Marr (1864-1934) qui, bien avant l'arrivée du communisme au pouvoir, avait élaboré la théorie des langues japhétiques (du nom du troisième fils de Noé, Japhet, après Sem et Cham dont les noms avaient déjà donné les langues chamitiques et sémitiques) à laquelle il va tenter d'appliquer le marxisme. Son idée était relativement simple : Marr postulait une origine commune à toutes les langues du monde, la communication ayant d'abord été gestuelle, quatre éléments phoniques ayant ensuite fait leur

---

1. Paul Lafargue, La langue française avant et après la révolution, *L'Ere nouvelle,* janvier-février 1894, réédité dans L.-J. Calvet, *Marxisme et linguistique,* Paris, Payot, 1977, p. 144.

apparition, *sal, ber, yôn* et *roch,* constituant le langage d'une caste au pouvoir (les sorciers). La langue était donc dès l'origine l'instrument du pouvoir et elle est toujours marquée par la division de la société en classes sociales. Puis ces quatre syllabes vont ensuite se combiner, se déformer, se multiplier, pour donner les différentes langues du monde, que Marr classait en quatre stades successifs, correspondant à différentes situations socio-économiques :

— premier stade : chinois, langues africaines ;
— deuxième stade : langues finno-ougriennes, turc ;
— troisième stade : langues caucasiennes et chamitiques ;
— quatrième stade : langues indo-européennes et sémitiques.

Chacun de ces stades correspondait à un « progrès », et il est difficile de ne pas voir, derrière cette classification, des traces de racisme ou au moins d'européocentrisme. Toute cette construction inspirée d'un marxisme assez sommaire devait bien sûr avoir sa vision de l'avenir : Marr pensait que l'avènement mondial du socialisme devrait entraîner l'apparition d'une seule langue, ce qui était en accord avec l'idée que les langues reflètent la lutte des classes. Mais, pensant sans doute par ailleurs qu'on n'est jamais mieux servi que par soi-même, il militait pour la création d'une langue internationale artificielle, ce qui explique que, pendant une quinzaine d'années, l'espéranto sera bien vu du pouvoir et relativement diffusé en URSS. Car les théories marristes vont avoir le statut de théorie officielle. L'application du marxisme qu'elles voulaient réaliser paraît aujourd'hui bien primaire, mais on y voyait surtout à l'époque la justification en linguistique de principes idéologiques plus généraux : primat de la lutte des classes sur l'idée de nation, langue comme superstructure, tout ceci entrait parfaitement dans une vision internationaliste, et répondait en outre aux problèmes de l'URSS face aux minorités nationales, montrant en particulier que l'organisation sociale primait sur la division en nations. Devenue officielle sous le nom de *nouvelle théorie linguistique,* la pensée de Marr va être imposée en URSS bien après sa mort, jusqu'au tout début des années 50.

Cette situation de monopole, assortie des moyens de pression considérables dont dispose toujours un Etat fort, fait qu'il est difficile de bien savoir ce qui s'élaborait théoriquement ailleurs que dans cette pensée officielle : pendant que les uns enseignaient la *nouvelle théorie linguistique* dans les universités, ceux qui la critiquaient risquaient fort d'aller appliquer leurs analyses à la situation linguistique de la Sibérie. Mais il faut cependant signaler le groupe de jeunes chercheurs dont Mikhael Bakhtine (1895-1975) est aujourd'hui le plus célèbre représentant. Parmi eux Valentin Nicolaevitch Volochinov (1895-1930 ?) dont nous connaissons deux livres : *Le freudisme : une critique marxiste* (1927) et *Le marxisme et la philosophie du langage* (1929). Il y développe tout à la fois une critique de Saussure et de Freud, posant qu'il manque à celui-ci une théorie du langage et que celui-là n'a pas su voir que le signe linguistique est le lieu de l'idéologie.

Bakhtine n'aura jamais de réels problèmes avec le régime, continuant d'enseigner, publiant ses travaux, en particulier sur Dostoïevski, puis sur Rabelais, tandis que Volochinov disparaîtra dans les camps, sans doute juste après la publication de son deuxième livre. Mais ici commence une autre histoire : dans les années 70 une rumeur se répand selon laquelle ni Volochinov ni Medvedev (un autre membre du groupe) n'auraient vraiment écrit les livres qu'ils avaient signés : ils auraient prêté leur nom à leur « maître » pour lui permettre de publier sans danger... A l'origine de la rumeur, peu de choses, les déclarations d'un certain Pr V. V. Ivanov, reprises dans l'introduction de la traduction française du *Marxisme et la philosophie du langage,* publié sous le nom de Bakhtine (avec, entre parenthèses, celui de Volochinov), et quelques lignes de Roman Jakobson avalisant cette thèse sans donner aucune preuve[1]. Vrai ou faux, ce scénario est à la fois trop idyllique et peu clair. Il commence par une invraisemblance qui fait de Bakhtine un « maître » dont les « disciples » avaient son âge, et il permit à l'URSS de gommer la possibilité que des livres importants et désormais republiés aient pu avoir été écrits par des gens morts en camp. Il demeure que Volochinov, qui n'aurait rien écrit selon ce scénario, est mort de cette absence d'écriture, alors que Bakhtine qui avait travaillé dans l'ombre, malgré l'imposition du marrisme, a pu ensuite revenir sur le devant de la scène.

Car la *nouvelle théorie linguistique* avait entre-temps été abandonnée dans des circonstances très particulières. Au début du mois de mai 1950, alors que quelques mois auparavant, en janvier, on a encore à l'occasion du quinzième anniversaire de sa mort rappelé la primauté des théories de Marr, débute dans la *Pravda* la publication d'une série d'interventions sur l'actualité de sa pensée et sur le problème de savoir s'il convenait de travailler à partir de ses théories. Le 20 juin, Staline en personne intervient longuement, sous forme de réponses à des questions, et clôt ainsi le débat. Ses conclusions peuvent se résumer en deux points :

— la langue n'est pas une superstructure,
— la langue n'a pas de caractère de classe

et même si ses arguments ne sont pas toujours très scientifiques, son poids politique fait que la page est désormais tournée sur Nicolaï Marr.

---

1. Mikhail Bakhtine (V. N. Volochinov), *Le marxisme et la philosophie du langage,* préface de Roman Jakobson, traduction et introduction de Marina Yaguello, Paris, Ed. de Minuit, 1977.

En France, Marcel Cohen, spécialiste des langues sémitiques et membre du Parti communiste, salue cette intervention[1] et publiera lui-même ensuite un ouvrage[2] qui montre que le marxisme aborde désormais très différemment les problèmes linguistiques : il ne s'agit plus de faire rentrer les faits de langues dans un cadre théorique préétabli mais de jeter sur eux un regard sociologique marxiste. Il est vrai que les théories de Marr n'avaient jamais été prises au sérieux : A. Sauvageot les critiquait depuis 1935, M. Cohen avait gardé sur elles un silence prudent, et les linguistes français étaient beaucoup plus marqués par Meillet que par Marr[3].

L'intervention de Staline, qui aura débloqué la situation, était, on l'aura compris, beaucoup plus politique que linguistique. Il restera cependant un pays dans lequel son texte sera considéré comme une base théorique pour la recherche : la Chine. Pour finir sur ce point, et pour la petite histoire, il faut signaler qu'en octobre et novembre 1974, une délégation de linguistes américains (parmi lesquels on trouve Charles Ferguson et William Labov) visite la République populaire de Chine et rencontre de nombreux homologues chinois. Il en sortira un livre collectif[4] dans lequel sont abordés différents sujets : la réforme de la langue, l'enseignement des langues étrangères, les langues des minorités, la lexicographie, etc. Le chapitre qui aurait dû être le plus intéressant, du point de vue qui est ici le nôtre, concerne la théorie du langage, mais si sa lecture ne nous apprend pas

---

1. Une leçon de marxisme à propos de linguistique, *La Pensée*, n° 33, novembre-décembre 1950.
2. Marcel Cohen, *Pour une sociologie du langage*, Paris, Albin Michel, 1956.
3. Voir sur ce point Daniel Baggioni, Contribution à l'histoire de la « Nouvelle Théorie du Langage » en France, in *Langages*, n° 46, juin 1977.
4. Winfred P. Lehmann (ed.), *Language and Linguistics in the People's Republic of China*, University of Texas Presse, Austin, 1975.

grand-chose sur l'application du marxisme-léninisme à la linguistique, elle nous montre que la délégation américaine est théoriquement désarmée face à ses interlocuteurs. Elle se contente en effet d'enregistrer quelques évidences : que la référence suprême est le texte de Staline dont nous avons parlé plus haut, que la linguistique, comme toutes les autres sciences, doit servir la politique prolétarienne, que le vocabulaire change plus vite que la syntaxe, etc. Puis, en conclusion, elle souligne que s'il est peu probable que la Chine puisse contribuer aux progrès de la linguistique théorique, de la neurolinguistique ou de la linguistique historique, par contre elle a obtenu des résultats remarquables pour ce qui concerne la standardisation du putonghua (la langue officielle), dans la simplification des caractères et dans l'enseignement des langues de minorités. Bien sûr, l'absence de dimension critique tient en partie à la rédaction collective de ce livre (aucun chapitre n'est signé) et il faut sans doute considérer ce texte comme le produit d'un compromis. Mais il demeure que nulle part n'y apparaît le moindre embryon de discussion, parce que la sociolinguistique naissante aux Etats-Unis n'a pas vraiment de théorie et que l'idée vague selon laquelle la sociolinguistique doit étudier les rapports entre langue et société n'est guère suffisante pour entamer une discussion avec un discours qui, certes, procède surtout de la langue de bois, mais dit finalement un peu la même chose. Face au dogmatisme marxiste-léniniste les linguistes américains sont, en 1974, désarmés, parce qu'ils n'ont pas de théorie, pas d'arrière-plan sociologique sur lequel s'appuyer, et cela aussi est caractéristique de cette époque au cours de laquelle la sociolinguistique fait son apparition.

Mais ces avatars tragi-comiques ne doivent pas masquer le principal : il ne peut pas y avoir de sociolinguistique sans sociologie, et si la tentative soviétique n'est guère satisfaisante, le problème d'une analyse de la langue en société demeurait. De ce point de vue, l'épisode marriste suivi de la mise au point de Staline ne pouvait que faire reculer le point de vue sociologique en linguistique.

III. — Bernstein et les handicaps linguistiques

C'est dorénavant dans des recherches publiées en anglais que la sociolinguistique moderne va essentiellement se manifester. Basil Bernstein, spécialiste anglais de la sociologie de l'éducation, va être le premier à prendre en compte à la fois les productions linguistiques réelles (ce que ne faisaient que très peu les auteurs s'inspirant du marxisme) et la situation sociologique des locuteurs. Il va partir de la constatation que les enfants de la classe ouvrière présentent un taux d'échec scolaire beaucoup plus important que ceux des classes aisées. Il va alors analyser les productions linguistiques des enfants et définir deux codes : le *code restreint,* le seul que dominent les enfants de milieux défavorisés, et le *code élaboré,* dominé par les enfants des classes aisées qui dominent aussi le précédent. L'illustration la plus connue, et la plus parlante, de ces codes est une expérience consistant à demander à des enfants de décrire une bande dessinée muette. Les enfants issus de milieux défavorisés vont produire un texte qui ne fait que peu de sens sans le support des images : « Ils jouent au football, il shoote, ça casse un carreau, etc. », alors que les enfants issus de milieux favorisés vont produire un texte autonome : « Des enfants jouent au football, l'un shoote, le ballon traverse la fenêtre et casse un carreau, etc. »

Les deux codes se distinguent en outre du point de vue des formes grammaticales. Le code restreint se caractérise par des phrases brèves, sans subordination, ainsi que par un vocabulaire limité, et ses locuteurs sont donc fortement handicapés dans leur apprentissage et dans leur vision du monde.

Dans ses travaux, sans cesse repris et précisés, Bernstein est donc principalement concerné par des problèmes de logique et de sémantique. Sa thèse principale est que l'apprentissage et la socialisation sont marqués par la famille dans laquelle les enfants sont élevés, que la structure sociale détermine entre autres choses les comportements linguistiques et il est, du point de vue sociologique, très marqué par Emile Durkheim : « En un certain sens, les concepts de code restreint et de code élaboré ont leur origine dans les deux formes de solidarité distinguées par Durkheim »[1]. Ses premières publications (essentiellement des articles) furent d'abord reçues de façon positive, car c'était la première fois que l'on tentait une description de la différence linguistique partant de la différence sociale. Mais peu à peu on contestera son opposition binaire entre deux codes (n'y a-t-il pas plutôt un continuum ?), puis la faiblesse de ses concepts linguistiques. C'est surtout William Labov, travaillant sur le parler des Noirs américains, qui développa ces critiques, montrant qu'il ne décrivait pas vraiment des codes mais plutôt des styles, qu'il n'avait aucune théorie descriptive : « Lorsqu'il s'agit de décrire ce qui sépare réellement les locuteurs de la *middle class* de ceux de la *working class,* voilà qu'on nous met sous les yeux une prolifération de *je pense,* de passifs, de modaux et d'auxiliaires, de pronoms de première personne, de mots rares, etc. Mais qu'est-ce là sinon des bornes (...) Nous nous rendrons un grand service quand nous parviendrons enfin à distinguer dans le style de la *middle class* ce qui est affaire

---

1. Basil Bernstein, *Langage et classes sociales,* Paris, Ed. de Minuit, 1975, p. 306.

de mode et ce qui aide réellement à exprimer ses idées avec clarté. »[1]

Bernstein bien sûr répondra à ces critiques (voir en particulier la postface de *Langage et classes sociales*), mais ses thèses auront de moins en moins d'écho dans la communauté des linguistes et il est aujourd'hui très peu cité et utilisé. Il a pourtant représenté un tournant dans l'histoire de la sociolinguistique : Bernstein a été une sorte de catalyseur, d'accélérateur dans cette lente progression vers une conception sociale de la langue, et le fait que ses thèses aient été ensuite rejetées n'enlève rien au rôle qu'il y a joué.

IV. — **William Bright :** une tentative fédératrice

Du 11 au 13 mai 1964, sur l'initiative de William Bright, 25 chercheurs se réunissent à Los Angeles pour une conférence sur la sociolinguistique : 8 viennent de l'UCLA, l'université qui organise la conférence, 15 autres sont américains et seuls 2 participants viennent d'un autre pays (la Yougoslavie) mais sont temporairement à l'UCLA ; 13 d'entre eux vont présenter une communication : Henry Hoenigswald, John Gumperz, Einar Haugen, Raven McDavid Jr, William Labov, Dell Hymes, John Fisher, William Samarin, Paul Friedrich, Andrée Sjoberg, Jose Pedro Rona, Gerald Kelley et Charles Ferguson. Les thèmes abordés sont variés : l'ethnologie du changement linguistique (Gumperz), la planification linguistique (Haugen), l'hypercorrection comme facteur de changement (Labov), les langues véhiculaires (Samarin, Kelley), le développement des systèmes d'écriture (Sjoberg), la mise en équation des situations sociolinguistiques des

---

1. William Labov, *Le parler ordinaire,* t. 1, Paris, Ed. de Minuit, 1978, p. 136.

Etats (Ferguson)..., et les arrière-plans théoriques ne le sont pas moins.

William Bright, qui assurera la publication des actes, tente dans son introduction de fédérer ces différentes contributions. Il note tout d'abord que la sociolinguistique « n'est pas facile à définir avec précision ». Ses études, ajoute-t-il, touchent aux relations entre langage et société, mais cette définition est vague, et il précise alors que « l'une des tâches majeures de la sociolinguistique est de montrer que la variation ou la diversité n'est pas libre, mais qu'elle est corrélée avec des différences sociales systématiques »[1]. Il se propose alors de dresser une liste des « dimensions » de la sociolinguistique, en posant qu'à chaque intersection de deux ou plus de ces dimensions se trouve un objet d'étude pour la sociolinguistique. Les trois premières de ces dimensions apparaissent en réponse à une interrogation : quels sont les facteurs qui conditionnent la diversité linguistique ? Et il en voit trois principaux : l'identité sociale du locuteur, l'identité sociale du destinataire et le contexte, se situant ainsi dans le cadre d'une analyse linguistique qui a emprunté les notions clés de la théorie de la communication (émetteur, récepteur, contexte). Les quatre dimensions suivantes sont pour lui :

— l'opposition synchronie/diachronie ;
— les usages linguistiques et les croyances concernant ces usages ;
— l'étendue de la diversité, avec une triple classification : différences multidialectale, multilinguale ou multisociétale ;
— les applications de la sociolinguistique, avec encore une fois une classification en trois parties : la socio-

---

[1]. William Bright (ed.), *Sociolinguistics, Proceedings of the UCLA Sociolinguistics Conference,* La Haye, Paris, Mouton, 1966, p. 11.

linguistique comme diagnostic des structures sociales, comme étude du facteur socio-historique et comme aide à la planification.

Et il concluait : « Il semble probable que la sociolinguistique entre dans une ère de développement rapide ; nous pouvons espérer que la linguistique, la sociologie et l'anthropologie en ressentiront les effets. »[1] Ce texte a surtout aujourd'hui une valeur historique, et il faut en retenir que Bright ne peut concevoir la sociolinguistique que comme une approche annexe des faits de langues, qui vient en complément de la linguistique ou de la sociologie et de l'anthropologie. C'est cette subordination qui va peu à peu s'estomper avec Labov.

V. — Labov : la sociolinguistique est la linguistique

Nous avons vu que Meillet s'était très tôt opposé aux conceptions de la linguistique proposées par Ferdinand de Saussure. Le linguiste américain William Labov[2] ne s'y est pas trompé et, dans une note, analyse ainsi l'apport de son prédécesseur et les limites de la linguistique saussurienne : « Meillet, contemporain de Saussure, pensait que le XXe siècle verrait s'élaborer une procédure d'explication historique fondée sur l'examen du changement linguistique en tant qu'il s'insère dans les transformations sociales (1921). Mais les disciples de Saussure, tel Martinet (1961), se sont attachés à rejeter cette conception, insistant sans relâche pour que l'explication linguistique se limitât aux interrelations des facteurs structuraux internes. Par là ils ne faisaient d'ailleurs que suivre l'esprit de l'enseignement saussurien. En effet un examen approfondi des écrits

1. *Ibid.,* p. 15.
2. William Labov, *Sociolinguistique,* Paris, Ed. de Minuit, 1976, p. 259.

de Saussure montre que, chez lui, le terme "social" signifie simplement "pluri-individuel" et ne suggère rien de l'interaction sociale sous ses aspects plus étendus. »

Et plus loin, après avoir présenté des exemples phonologiques de l'influence noire sur le parler de New York, Labov revient en conclusion à Meillet : « De tels exemples donnent du poids à ce qu'affirmait Meillet, qu'il convient de chercher l'explication de l'irrégularité des changements linguistiques dans les fluctuations de la composition sociale de la communauté linguistique. »[1]

Lorsque Labov publie en 1966 son étude sur la stratification sociale de /r/ dans les grands magasins new-yorkais, texte qui sonne comme un manifeste, on peut donc y voir une reprise des idées de Meillet. On trouve la même tonalité dès le titre du chapitre 8 de *Sociolinguistique,* « L'étude de la langue dans son contexte social », et ce passage montre clairement le lien qui unit Labov à Meillet : « Pour nous, notre objet d'étude est la structure et l'évolution du langage au sein du contexte social formé par la communauté linguistique. Les sujets considérés relèvent du domaine ordinairement appelé "linguistique générale" : phonologie, morphologie, syntaxe et sémantique (...) S'il n'était pas nécessaire de marquer le contraste entre ce travail et l'étude du langage hors de tout contexte social, je dirais volontiers qu'il s'agit là tout simplement de *linguistique.* »[2] Henri Boyer, dans un livre de présentation de la sociolinguistique, qualifie cette affirmation de « polémique »[3]. Il n'y a pourtant là rien de polémique mais simplement l'affirmation d'un principe selon lequel il n'y a pas lieu de distinguer entre une lin-

---

1. *Ibid.,* p. 425.
2. *Ibid.,* p. 258.
3. Henri Boyer, *Eléments de sociolinguistique,* Paris, Dunod, 1991, p. 5.

guistique générale qui étudierait les langues et une sociolinguistique qui prendrait en compte l'aspect social de ces langues : en d'autres termes, la *sociolinguistique est la linguistique.* Labov radicalise donc Meillet en poussant jusqu'au bout la prise au sérieux de la définition de la langue comme fait social, mais la comparaison s'arrête là. Meillet, comparatiste de haut niveau, a surtout travaillé sur des langues mortes, alors que Labov travaille sans cesse sur des situations concrètes contemporaines, qu'il se pose des problèmes de méthodologie de l'enquête, en bref il construit un instrument de description qui tente de dépasser, en les intégrant, les méthodes heuristiques de la linguistique structurale (voir chap. III). De ses recherches naîtra le courant connu sous le nom de « linguistique variationniste ».

VI. — Conclusion

Les années 70 vont donc constituer un tournant. On voit désormais paraître des revues ou des recueils d'articles se référant explicitement à la sociolinguistique qui prend de plus en plus d'importance et vient battre en brèche des positions considérées comme définitives. Citons, en 1972, Pier Paolo Giglioli qui publie *Language and Social Context*[1] dans lequel on trouve les noms de Joshua Fishman, Erving Goffman, Basil Bernstein, William Labov, John Gumperz, Charles Ferguson, etc. Les textes sélectionnés avaient tous déjà été publiés (entre 1963 et 1971) de façon isolée, mais ce regroupement, après l'ouvrage de Bright, est l'indicateur d'un nouveau courant dans la linguistique. La même année, la même maison d'édition publiait *Sociolinguistics*[2], autre recueil d'articles collectés par

---

1. Pier Paolo Giglioli, *Language and Social Context,* Harmondsworth, Midd., Penguin Books, 1972.
2. J. B. Pride, J. Holmes, *Sociolinguistics,* Harmondsworth, Midd., Penguin Books, 1972.

J. B. Pride et Janet Holmes, dans lequel on trouvait entre autres des contributions de Joshua Fishman, Einar Haugen, Charles Ferguson, William Labov, John Gumperz, etc. Deux ans plus tard paraissait un petit livre de Peter Trudgill, *Sociolinguistics, an introduction,* qui faisait un point utile sur l'état de la science en donnant de nombreux exemples d'enquêtes concrètes[1]. La même année, en France, était publié une *Introduction à la sociolinguistique* qui résumait essentiellement différentes théories et accordait une large part à l'approche marxiste de la langue[2]. Du côté des revues, signalons *Language in Society* qui commence sa publication en 1972, puis *International Journal of the Sociology of Language,* à partir de 1974... Et cette activité tous azimuts est un indicateur irréfutable de changement : la lutte pour une « conception sociale de la langue » est en passe d'aboutir.

---

1. Peter Trudgill, *Sociolinguistics, an introduction,* Harmondsworth, Midd., Penguin Books, 1974.
2. Jean-Baptiste Marcellesi, Bernard Gardin, *Introduction à la sociolinguistique, la linguistique sociale,* Paris, Larousse, 1974.

Chapitre II

LES LANGUES EN CONTACT

Il y a à la surface du globe entre 4 et 5 000 langues différentes et environ 150 pays. Un calcul simple nous montre qu'il y aurait théoriquement environ 30 langues par pays, et si la réalité n'est pas à ce point systématique (certains pays comptent moins de langues, d'autres beaucoup plus), il n'en demeure pas moins que le monde est plurilingue en chacun de ses points et que les communautés linguistiques se côtoient, se superposent sans cesse. Ce plurilinguisme fait que les langues sont constamment en contact. Le lieu de ces contacts peut être l'individu (bilingue, ou en situation d'acquisition) ou la communauté. Et le résultat de ces contacts est l'un des premiers objets d'étude de la sociolinguistique.

I. — **Emprunts et interférences**

« Le mot interférence désigne un remaniement de structures qui résulte de l'introduction d'éléments étrangers dans les domaines les plus fortement structurés de la langue, comme l'ensemble du système phonologique, une grande partie de la morphologie et de la syntaxe et certains domaines du vocabulaire (parenté, couleur, temps, etc.). »[1]

---

1. Uriel Weinrich, New York, 1953, republié chez Mouton, La Haye, 1963, *Languages in Contact,* p. 1.

C'est ainsi qu'Uriel Weinreich définissait, en 1953, l'interférence dans son livre, *Languages in contact*. Si cet ouvrage a marqué, et s'il est encore lu aujourd'hui, quarante ans après sa publication, c'est parce qu'il était le premier à faire le point, avec perspicacité et profondeur, sur les problèmes du bilinguisme. Mais la définition que nous venons de citer, qui pourrait s'appliquer au problème des langues en contact dans la société, sera uniquement utilisée par Weinreich en référence à l'individu bilingue. Il considérait en effet que des langues étaient dites en contact lorsqu'elles étaient utilisées alternativement par la même personne.

On peut distinguer trois types d'interférences : les interférences phoniques, les interférences syntaxiques et les interférences lexicales. Le tableau ci-dessous, emprunté à Weinreich, présente les phonèmes d'un dialecte alémanique parlé dans le village de Thusis *(schwyzertütsch)* et d'une variété de romanche parlée dans le village de Feldis (ces deux villages se trouvent dans les Grisons, en Suisse)[1].

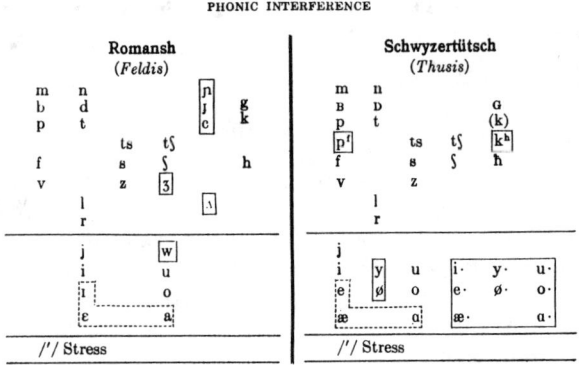

1. Weinrich, *Languages in Contact,* p. 15.

L'opposition entre voyelles brèves et voyelles longues en schwyzertütsch pose des problèmes car, en romanche, les voyelles sont longues dans certains contextes et brèves dans d'autres. Il en résulte d'une part des confusions entre certains mots et d'autre part un « accent » romanche en schwyzertütsch. On trouvera un exemple semblable dans la difficulté que peuvent avoir les Français à réaliser la distinction anglaise entre le /i:/ long et le /i/ bref dans des mots comme *sheep* et *ship, sheet* et *shit,* etc.

Les interférences syntaxiques consistent à organiser la structure d'une phrase dans une langue B selon celle de la première langue A : ainsi un italianophone, sur le modèle courant de phrases comme *viene la pioggia* (« la pluie arrive ») ou *suona il telefono* (« le téléphone sonne »), pourra-t-il produire en français des phrases comme *sonne le téléphone.*

Dans le domaine lexical, les interférences les plus simples sont celles qui consistent à tomber dans le piège des faux amis, lorsqu'un Anglais par exemple utilise en français le mot *instance* avec le sens de « exemple » qu'il a dans sa langue. On peut aussi rencontrer des traductions mot à mot : *estar direito* chez les Portugais des Etats-Unis traduisant directement l'anglais *to be right,* « avoir raison ». Ou encore des créations dans une langue sur le modèle de l'autre : le français du Québec regorge d'exemples de ce type, comme *vivoir* pour « salon » (anglais *living room*). Mais l'interférence lexicale est surtout fréquente lorsque les deux langues n'organisent pas de la même façon l'expérience vécue. On trouve ainsi en français d'Afrique un usage du verbe *gagner* avec un sens très large (« gagner » mais aussi « avoir », « posséder ») sur le modèle de certaines langues africaines qui n'ont qu'un verbe pour ces notions. Ainsi une phrase comme *Ma femme a gagné petit* signifiera qu'elle a eu un enfant et non pas qu'elle l'a gagné dans une quelconque loterie...

Poussée au bout de sa logique, l'interférence lexicale peut produire l'emprunt : plutôt que de chercher dans sa langue un équivalent difficile à trouver d'un mot de l'autre langue, on utilise directement ce mot en l'adaptant à sa propre prononciation. Au contraire de l'interférence, phénomène individuel, l'emprunt est un phénomène collectif : toutes les langues ont emprunté à des langues voisines, parfois de façon massive (c'est le cas de l'anglais empruntant au français une grande partie de son vocabulaire), au point que l'on peut assister, en retour, à des réactions de nationalisme linguistique. Ainsi au Québec, et dans une moindre mesure en France, s'est développé un mouvement officiel de lutte contre les emprunts. Nous y reviendrons dans le dernier chapitre de ce livre.

II. — **Les langues approximatives**

Ce plurilinguisme pose évidemment un problème différent lorsqu'un locuteur se retrouve dans une communauté dont il ne connaît pas la langue. Nous avons ici deux cas de figure : il peut s'agir d'une personne de passage (un touriste par exemple), qui tentera alors d'avoir recours à une tierce langue connue de lui et de la communauté environnante : il utilise dans ce cas ce qu'on appelle une *langue véhiculaire,* notion sur laquelle nous reviendrons plus bas. Mais il peut aussi s'agir d'une personne ayant l'intention de rester dans cette communauté, et il lui faudra bien alors, pour s'assimiler, acquérir la langue de la communauté d'accueil. C'est la situation dans laquelle se trouvent les travailleurs migrants, qui arrivent dans leur pays d'accueil sans en connaître la langue, ou en ne la sachant que peu, et qui sont forcés de l'acquérir sur le tas. Ce type d'acquisition est intéressant à analyser. Voici par exemple un court extrait de conversation avec une immigrée espagnole à Paris qui témoigne bien de ce phénomène :

« Vous l'aviez connue avant de venir en France ?

— Ah non ! Mais non, c'est porque yo habia metté une annonce sur un, journal *Figaro,* y elle me va escrir. Et ma une otra petite qui travaille à Paris va me mener. »[1]

On y trouve une approximation de français dont les caractéristiques montrent bien l'origine linguistique de la locutrice :

— des mots espagnols dans le texte « français » : *porque* à la place de *pourquoi, otra* à la place de *autre* ;
— des mots inventés, produits par une interférence entre les deux langues : *escrir* à la place d'*écrire* (on dit en espagnol *escribir*) ;
— des mélanges syntaxiques : *yo habia metté* pour *j'avais mis,* où l'on trouve à la fois un segment espagnol et un mauvais usage du participe passé irrégulier du verbe mettre, etc.

Il peut aussi se produire que cette situation concerne non plus un individu mais un groupe social, confronté à un autre groupe dont il ne parle pas la langue et qui ne parle pas la sienne. S'il n'y a pas de tierce langue disponible, et si les deux groupes ont besoin de communiquer, ils vont s'inventer une autre forme de langue approximative, en général une langue mixte. Ainsi on a parlé jusqu'au XIXe siècle dans les ports de la mer Méditerranée la *lingua franca,* forme linguistique à base d'italien avec un vocabulaire empruntant en outre aux autres langues du pourtour méditerranéen. Molière, dans *Le Bourgeois gentilhomme* (acte IV, scène V), a recréé un passage en lingua franca. Il ne s'agit sans doute pas vrai-

---

1. Christine de Heredia, Le français parlé des migrants, *J'cause français, non,* Paris, La Découverte, 1983, p. 101.

ment du sabir tel qu'il était parlé dans les ports de la Méditerranée, mais on y trouve cependant les caractéristiques de cette forme linguistique : les pronoms y sont ramenés à une seule forme (ti pour « tu » et « toi ») et les verbes sont tous à l'infinitif :

Le texte de Molière	*Traduction*
Se ti sabir	Si tu sais
Ti respondir	Tu réponds
Se non sabir	Si tu ne sais pas
Tazir, tazir	Tu te tais
Mi star Mufti	Je suis Mufti
Ti qui star ci,	Toi, qui es-tu ?
Non intendir	Si tu ne comprends pas
Tazir, tazir	Tu te tais

Ces formes, qu'on appelle des *sabirs,* sont donc utilisées à l'origine entre des communautés n'ayant pas de langue commune mais entretenant par exemple des relations commerciales. Il s'agit d'un système extrêmement restreint : quelques structures syntaxiques et un vocabulaire limité à des besoins de communication particuliers. Lorsque ces formes couvrent des besoins de communication plus larges, que leur système syntaxique est plus étoffé, on parle de *pidgins,* le premier exemple en étant le *pidgin english* qui s'est développé dans les contacts commerciaux entre Anglais et Chinois le long des côtes de la mer de Chine, empruntant son vocabulaire à l'anglais et sa syntaxe au chinois (l'origine du mot *pidgin* serait d'ailleurs dans la déformation du mot anglais *business,* ce qui indiquerait bien la fonction sociale de cette forme linguistique). Ces formes approximatives, au contraire des formes individuelles que nous avons évoquées plus haut dans les situations d'acquisition, ne sont en général pas destinées à évoluer vers une meilleure pratique de la langue : elles sont simplement des auxiliaires, que l'on utilise dans une situation de contact.

III. — Mélanges de langues, alternances codiques et stratégies linguistiques

Lorsqu'un individu est confronté à deux langues qu'il utilise tour à tour, il arrive qu'elles se mélangent dans son discours et qu'il produise des énoncés « bilingues ». Il ne s'agit plus ici d'interférence mais, pourrait-on dire, de collage, du passage en un point du discours d'une langue à l'autre, que l'on appelle *mélange de langues* (sur l'anglais *code mixing*) ou *alternance codique* (sur l'anglais *code switching*), selon que le changement de langue se produit dans le cours d'une même phrase ou d'une phrase à l'autre. En voici un premier exemple, extrait d'une conversation entre des femmes espagnoles vivant en Suisse, à Neuchâtel : « Ahora, con cabronas de ponermelos en lo alto de la oficina, en lo alto de la mesa de la oficina ; sin explicacion y sin na ! ça va pas ou quoi ? Por quien se toma este imbecil que apesta a vaca, eh ? Y subo y digo, dice : bueno, je vais voir si je trouve, je monte tout de suite. »[1]

L'insertion de segments en français *(ça va pas ou quoi ?, je vais voir si je trouve, je monte tout de suite)* dans un discours en espagnol témoigne ici de la situation de contact de langues dans laquelle se trouve la locutrice et constitue selon l'auteur du « parler bilingue », un mélange de langues en fait, qui est bien sûr commun aux deux personnes : toutes deux sont espagnoles, toutes deux travaillent dans un contexte francophones, et l'alternance d'une langue à l'autre fonctionne le plus souvent comme citation d'un fragment de discours qui a été énoncé dans l'autre langue, ou comme façon d'ancrer le discours dans la réalité à la-

---

1. Jean-François de Pietro, Vers une typologie des situations de contacts linguistiques, *Langage et Société*, n° 43, mars 1988.

quelle il est fait référence : il n'y a pas, ici, de *stratégie* particulière.

L'alternance codique ou le mélange de langues peuvent répondre à des stratégies conversationnelles, faire du sens. Voici un exemple de conversation dans une famille d'origine italienne vivant au Canada anglophone. Les parents sont nés en Italie, les quatre enfants sont nés au Canada, et l'un d'entre eux, une fille, se trouve en France où elle poursuit ses études : toute la famille lui envoie une sorte de lettre orale, l'enregistrement sur une cassette d'une conversation collective à destination de l'absente :

Fille cadette. — E goes, « oh those Marines, dangerous "n" ».
Frère. — Yup ; Stay away from i marins e tutti soldat *(rires)*.
Fille cadette. — Et tut ji soldat *(rires)*.
Père. — E mit sendemind nde...
Fille cadette. — Ah ! OK *(Frère : rires)*.
Père. — E nen fa la Stupet la ma'Em a la fran^g pe fal:a deven'da kju smart envEc a'pu/... Anh.
Fille cadette. — Fa kju Stupet.
Père. — An (kju) keva ala skol e kju se devendEm le kos bon¹.
(Traduction : les passages en anglais sont en gras, ceux en italiens sont en italiques.)
Fille cadette. — **Il dit : oh, ces « Marines » sont dangereux.**
Frère. — **Ouais, garde-toi de** « *les marines et tous les soldats* » *(rires)*.
Fille cadette. — *Et tous les soldats (rires).*
Père. — *Et sois sage, ne...*
Fille cadette.— **Ah, OK !** *(Frère : rires).*
Père. — *Et ne fais pas de bêtises. Nous l'envoyons en France pour qu'elle devienne plus* **intelligente** *au contraire, après...*
Fille cadette. — *Elle devient plus bête.*
Père. — *Ouais, plus on va à l'école et plus on devient de bonnes choses.*

On voit que la fille cadette commence par citer, en anglais, une phrase que le père a proférée en italien (mais elle prononce le mot *dangerous* avec l'accent, ita-

---

1. Elena Silvestri, Choix de langues et rôles discursifs dans une conversation familiale italo-canadienne, *Plurilinguismes,* n° 1, 1990, p. 75-90.

lien, du père). Le frère enchaîne en anglais, mais cite la phrase du père en italien, phrase que reprend la fille, toujours en italien. Le père ne parle, tout au long de la conversation, que l'italien mais il introduit dans son discours un mot anglais *(smart)*.

Ainsi les changements de langue effectués par les enfants ont ici une fonction ironique : il s'agit chaque fois de se moquer du père, de mettre en scène linguistiquement son comportement, et l'alternance répond donc à une stratégie.

Voici encore un exemple d'alternance codique correspondant à ce que l'on appelle la *négociation* de la langue d'interaction[1]. Dans la ville de Montréal (Québec), majoritairement francophone, l'anglais est en telle progression que les francophones se défendent par toute une batterie de lois linguistiques. L'une des retombées de ces lois est que l'administration se doit d'être bilingue, et la situation est si complexe et si tendue que l'auteur note qu'acheter une paire de chaussettes est devenu un acte politique... Il faut, en effet, choisir la langue de communication sans imposer à l'autre une langue qu'il ne parle pas ou ne veut pas parler.

L'exemple ci-dessous est une conversation téléphonique entre la standardiste du service des rendez-vous d'un hôpital et une patiente :

Standardiste. — Central Booking, may I help you.
Patiente. — Oui, allô ?
Standardiste. — Bureau de renseignement, est-ce que je peux vous aider ?
Patiente (passe au français).
Standardiste (reste au français).
Patiente (revient à l'anglais).
Standardiste (en anglais).
Patiente (revient au français).

---

1. Monica Heller, Negociations of Language Choice in Montreal, *in* John Gumperz, *Language and Social Identity,* Cambridge University Press, 1982, p. 108-118.

Standardiste (en français).
Patiente. — Etes vous française ou anglaise ?
Standardiste. — N'importe, j'suis ni l'une ni l'autre.
Patiente. — Mais...
Standardiste. — Ça ne fait rien.
(La communication se poursuit en français.)

Les commentaires de Monica Heller sur cette conversation peuvent être résumés ainsi :

— tout au long de l'échange, les deux locuteurs font la preuve qu'ils dominent également l'anglais et le français ;
— mais dans sa première réplique (« oui, allô »), la patiente force la standardiste à répéter sa phrase, comme pour dire : « Nous ne pouvons pas avoir cette conversation sans savoir si nous décidons de parler anglais ou français. » Elle pourrait aussi bien demander « Parlez-vous français ? », et la standardiste pourrait répondre « Oui », ou « Un peu », ou demander à la patiente de parler lentement, ou encore appeler quelqu'un d'autre, se faire remplacer par un ou une francophone (elle est en effet anglophone et a spontanément décroché le téléphone en parlant anglais) ;
— la standardiste choisit en fait de suivre la patiente en français, celle-ci, peu satisfaite, passe à l'anglais puis demande à la standardiste quelle est sa langue. La standardiste refuse (en français) de répondre, et la conversation se poursuit en français. La *négociation* est alors terminée, et le choix d'une des langues signifie que la patiente a fait une demande explicite de parler français et que la standardiste estime que son français est suffisamment bon. La conversation peut alors se poursuivre.

Par contre, dans le cas suivant, la communication arrive à son terme avant que la négociation n'ait pu déboucher sur un accord. Cet échange a été enregistré au bar d'un hôtel, en Crète. Un client (qui parlait français avec sa femme au moment où arrive le garçon) s'adresse au garçon en grec :

Client. — Καλησπερα (« Bonsoir »).
Le garçon lui répond en français, et les répliques vont alors alterner le grec et le français :
Garçon. — Bonsoir monsieur.
Client. — Εχετε Ουζο ? (« Avez-vous de l'ouzo ? »)
Garçon. — De l'ouzo, bien sûr monsieur.
Client. — δια ουζα, παρακαλο (« deux ouzo s'il vous plaît » avec une faute de grec : δια au lieu de διο).
Garçon. — διο ? (« deux ? » : le garçon reprend l'adjectif numéral sous sa forme correcte).
Client. — Ναι, διο (« oui, deux » : le client a accepté la correction).
Garçon. — Tout de suite monsieur.

Cette interaction peut paraître paradoxale puisque chacun, jusqu'au bout, y parle la langue de l'autre (le Grec n'intervient qu'une fois en grec, pour corriger une faute faite par le client) et que nous avons là un exemple presque caricatural d'alternance codique. L'interaction est trop courte pour que l'on puisse juger de la capacité de l'un et l'autre des interlocuteurs à aller plus loin dans une conversation dans l'une ou l'autre des langues. Mais il est clair que le garçon veut montrer ses compétences « professionnelles » en français et que le client tient à montrer qu'il peut parler grec. Ainsi, lorsqu'il dit Εχετε ουζο ? il ne demande pas seulement s'il y a de l'ouzo (il y en a, bien sûr : l'ouzo est en Grèce la boisson nationale...), il montre en même temps qu'il peut poser cette question en grec (sachant très bien bien que dans ce bar d'un hôtel international le garçon comprendra le français ou l'anglais). De son côté le garçon pourrait se contenter d'un échange en grec : il comprend parfaitement ce que lui dit le client, ses réponses le montrent. Mais, en répondant à la question citée plus haut « De l'ouzo, bien sûr monsieur », il dit bien sûr qu'il y a de l'ouzo (ce qui est évident), il montre en même temps qu'il a compris le grec du client et il indique surtout qu'il a repéré son accent français et qu'il préfère parler français ou refuse de parler grec.

Dans cette courte séquence il se passe donc beaucoup plus de choses que la simple commande de deux boissons : un conflit de rôles se joue sur le choix de la langue d'échange, et l'échange va à son terme sans qu'aucun des interlocuteurs ne cède sur ce point. Mais si personne ne l'emporte, le garçon a cependant marqué un point symbolique en corrigeant la faute du client en grec alors qu'il n'a pas, lui, fait de faute en français.

Voici maintenant une dernière situation de communication plurilingue : un colloque sur la langue galicienne, réuni au printemps 1991 dans une petite ville de Galice, où il y avait, outre une cinquantaine de participants galiciens, quatre invités étrangers :

— un Belge, de première langue flamande, parlant également le français, l'allemand, l'anglais, l'espagnol, et pratiquant une « approximation de galicien » en jouant sur la forme phonétique de son espagnol, produisant quelque chose comme de l'espagnol prononcé à la portugaise ;
— un Français 1 ne parlant que le français ;
— un Français 2 parlant l'espagnol, l'italien et l'anglais ;
— un Italien parlant le français, l'anglais et l'espagnol.

Entre eux, les quatres invités parlaient français. Dans le cadre du colloque, les Galiciens parlaient exclusivement galicien, le Belge parlait son « approximation de galicien », les trois autres parlaient français. Mais hors du colloque, dans les cafés ou les restaurants, les choses étaient différentes. Le Français 1 parlait français, bien sûr, sa seule langue, et tout le monde lui parlait en français. Les Galiciens, selon leur maîtrise du français, parlaient français ou espagnol aux trois autres invités étrangers, le Français 2 et l'Italien parlaient espagnol ou français aux Galiciens, français et parfois italien entre eux, le Belge parlait également français ou espagnol (réservant son « approximation de galicien » aux situations formelles du colloque). C'est-à-dire que nous avions là des comportements linguistiques dictés soit par la nécessité (parler la seule langue que l'on domine : c'est le cas du Français 1), soit par des stratégies plus complexes : pour les Galiciens, refuser de parler espagnol au colloque consistait à montrer leurs positions politiques (ils étaient tous militants de leur langue) et, pour le Belge, parler son approximation de galicien revenait à afficher son soutien à la cause des Galiciens (je parle votre langue, je suis de votre côté...).

Mélanges de langues et alternances codiques peuvent donc avoir des fonctions diverses. Dans l'exemple italo-canadien il s'agissait de se moquer gentiment du père, dans l'exemple québécois il s'agissait de décider d'un commun accord quelle serait la langue de l'interaction, dans l'exemple grec chacun voulait démontrer sa compétence dans la langue de l'autre, etc., mais dans tous les cas le contact de langues produit des situations dans lesquelles le passage d'une langue à l'autre revêt une signification sociale. La standardiste et la patiente parviennent finalement à un accord (implicite), le client et le garçon de café n'y parviennent pas, les participants galiciens du colloque imposent leur langue aux invités étrangers, et chaque fois, la communication se produit malgré le plurilinguisme, ou plutôt sous forme de *gestion* du plurilinguisme. Mais le bilinguisme social n'est pas toujours aussi harmonieux, il peut également être conflictuel.

IV. — **Le laboratoire créole**

Le contact de langues ne produit pas seulement des interférences, des alternances et des stratégies : il génère surtout un problème de communication sociale.

Nous avons vu un type de réponse à ce problème sous forme de langues approximatives (sabir, pidgin) qui ont pour caractéristique de n'être la langue première de personne. Mais certaines situations sociologiques font que les langues premières perdent de leur efficacité communicationnelle, lorsque les populations sont à ce point mêlées que personne ne parle la langue de l'autre. C'est par exemple ce qui s'est produit dans les déplacements d'esclaves d'Afrique vers les îles : d'origines différentes, mélangés sur les plantations, les Noirs ne pouvaient plus communiquer avec leurs langues premières et ont dû se créer une langue approximative, un pidgin.

Le mode d'émergence des créoles, liée au commerce triangulaire et au trafic des esclaves, est encore très discuté dans la communauté scientifique. Les linguistes, en effet, ne sont pas tous d'accord sur l'origine des pidgins et des créoles (deux hypothèses s'affrontent, l'hypothèse monogénétique et l'hypothèse polygénétique) et sur leurs processus de formation. Pour certains, un créole est un pidgin devenu langue vernaculaire (c'est-à-dire la langue première d'une communauté), ayant donc un lexique beaucoup plus étendu, une syntaxe plus élaborée et des domaines d'usage variés. Il serait alors caractérisé par un vocabulaire emprunté à la langue dominante, celle des planteurs, et une syntaxe fondée sur celle des langues africaines. D'autres soulignent qu'aucune description n'a pu vraiment prouver les rapports entre la grammaire des créoles et celles des langues africaines, et penchent plutôt pour l'hypothèse d'une *approximation d'approximation*. C'est la thèse de Robert Chaudenson qui, se fondant essentiellement sur le créole de la Réunion, soutient avec des arguments convaincants que, dans un premier temps, les esclaves, peu nombreux et vivant relativement proches de leurs maîtres, ont acquis un français sommaire (« une approximation de français ») et que, dans un second temps, le nombre d'esclaves se multipliant, les nouveaux venus ont appris le « français » auprès des esclaves plus anciens (acquérant donc une « approximation d'approximation »). Se fondant sur une analyse méticuleuse de l'histoire du peuplement de la Réunion, il voit donc dans l'histoire des créoles trois phases. Une première phase d'installation tout d'abord : « L'importance numérique, économique et sociale du groupe blanc me donne de plus en plus à penser que cette phase a dû être beaucoup moins caractérisée par l'apparition d'un pidgin que par la réalisation d'approximations du français par des locuteurs qui, par ailleurs, conservaient, pour partie, l'usage de leur langue d'origine. »

La seconde phase « commence avec le développement des cultures coloniales (café ou canne à sucre) qui entraînent des besoins de main-d'œuvre considérables et de très fortes immigrations qui réduisent très sensiblement le pourcentage des Blancs dans la population totale ». Au cours de cette phase, les nouveaux arrivants, qui travaillent sur les plantations, n'ont que peu de contacts avec les Blancs : ils sont encadrés par les premiers esclaves qui sont soit domestiques soit contremaîtres et leur transmettent leurs rudiments de français. Et c'est au cours de la troisième phase que le créole va s'établir définitivement comme un code séparé du français[1], au sein d'une relation diglossique (voir plus bas).

Face à cela, Derek Bickerton avance une autre hypothèse fondée sur l'existence d'un « bioprogramme » inné en chaque individu qui va s'activer et donner naissance à un créole dans les situations sociales que nous avons esquissées et lorsque la langue dominante est imparfaitement transmise[2]. Le problème n'a pas fini d'être débattu, et la relative jeunesse des langues

---

1. Robert Chaudenson, *Créole et enseignement du français*, Paris, L'Harmattan, 1989, p. 164-166.
2. Derek Bickerton, *Roots of Language*, Ann Arbor, 1981.

créoles fait que leur étude est extrêmement importante pour comprendre la genèse du langage. C'est pourquoi Claude Hagège a parlé de « laboratoire créole », expression que j'ai reprise en titre de ce paragraphe.

Parmi les nombreux créoles parlés à travers le monde, il faut signaler ceux qui ont pour origine lexicale :

— l'anglais (à Hawaï, à la Jamaïque, en Mélanésie où on l'appelle beach-la-mar, bislama, bèchez-de-mer, à Sainte Lucie, etc.) ;
— le français (en Haïti, à la Guadeloupe, à la Martinique, en Guyane, aux Seychelles, à la Réunion, etc.) ;
— l'espagnol (à Porto-Rico, etc.) ;
— le portugais (dans les îles du Cap-Vert, etc.).

Malgré leur extrême variété et leurs différences importantes, les créoles manifestent parfois des traits communs. Par exemple le redoublement emphatique des formes verbales :

— *sé manjé m ap manjé* (créole des Antilles française),
— *a nyam mi a nyam* (créole de la Jamaïque),
— *come mi ta come* (papamientu),

avec le même sens, « je suis en train de manger », et mot à mot « question de manger je suis en train de manger ».

Quoi qu'il en soit, un créole est aujourd'hui une langue comme les autres, dont la seule caractéristique spécifique est dans son mode d'émergence particulier. Longtemps méprisés, considérés comme des formes inférieures, et à ce titre n'ayant pas accès aux fonctions officielles (enseignement, administration), les créoles sont aujourd'hui parfois promus au rang de langue officielle (aux Seychelles) et utilisés à titre expérimental dans l'enseignement (aux Antilles françaises et en Haïti).

V. — Les langues véhiculaires

Quelle que soit la théorie explicative de l'origine des créoles qui s'avérera, nous avons vu que leur émergence implique deux choses : un groupe dominant et minoritaire (et la langue de ce groupe) d'une part, une majorité d'esclaves dominés d'autre part n'ayant plus de langue commune.

Mais il est d'autres situations dans lesquelles le plurilinguisme crée des difficultés de communication entre des groupes homogènes, ayant leurs propres langues, mais ayant du mal à communiquer entre eux. Nous allons prendre un exemple urbain d'une situation de ce type, celui de la capitale du Sénégal, Dakar. Selon une enquête effectuée en 1986 dans les écoles de cette ville[1], on y trouvait sept langues principales (il s'agit des langues premières, ou maternelles) :

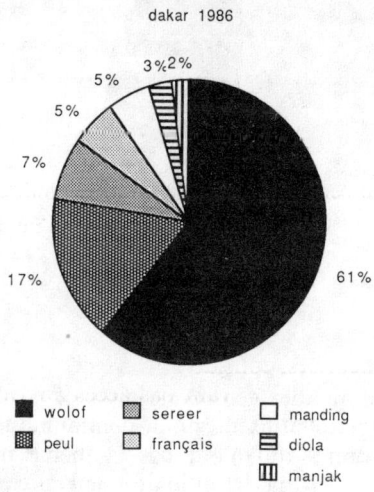

1. Enquête non publiée de Martine Dreyfus, Dakar, 1986.

A chacune de ces langues correspondent bien sûr des familles, des quartiers parfois, les locuteurs des langues minoritaires viennent de régions où ces langues sont majoritaires (le diola en Casamance, le peul dans la région du fleuve, à la frontière avec la Mauritanie, etc.), et la communication interne est donc assurée en peul, en diola ou en manjak. Mais que se passe-t-il lorsque des locuteurs du wolof, du peul et du diola se rencontrent ? En quelle langue vont-ils communiquer ? Une seconde enquête, menée sur un marché central de la ville, le marché de Sandaga, nous montre que trois langues seulement sont utilisées dans les interactions commerciales, et que le wolof y domine largement.

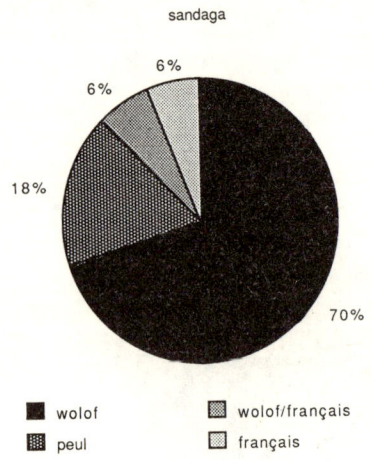

C'est-à-dire que des gens dont le wolof n'est pas la première langue l'utilisent pour communiquer avec d'autres personnes qui n'ont pas la même première langue qu'eux. C'est la définition d'une langue véhiculaire : *une langue utilisée pour la communication entre des groupes qui n'ont pas la même première langue*. Les exemples abondent : le swahili traversant l'Afrique des côtes est de l'Afrique jusqu'au Zaïre, le quichua dans la Cordillère des Andes, le sango en Centre-Afrique, le bambara/dioula en Afrique de l'Ouest, etc.[1]. Dans tous ces cas, l'émergence d'une langue véhiculaire est la réponse que la pratique sociale et communicative des locuteurs donne au problème posé par le plurilinguisme de la communauté. Cette réponse peut s'incarner dans deux formes différentes :

— la langue véhiculaire peut être la langue d'un des groupes en présence (par exemple, le wolof au Sénégal, le bambara au Mali, etc.) ;
— la langue véhiculaire peut être une langue créée, langue composite empruntant aux différents codes en présence (par exemple le munukutuba au Congo)[2].

Pour cerner l'importance de la fonction véhiculaire d'une langue, on calcule un *taux de véhicularité,* c'est-à-dire le rapport entre les locuteurs de cette langue et ceux qui l'ont pour langue première. Ainsi, une langue utilisée dans une communauté d'un million d'habitants dont 300 000 l'ont pour première langue aura un taux de véhicularité beaucoup plus important (70 %) qu'une langue utilisée dans une communauté d'un million d'habitants dont 700 000 l'ont pour première langue (30 %).

Dans tous les cas, il est intéressant d'étudier les rapports entre forme et fonction que nous révèle le phénomène véhiculaire. Ainsi, les travaux de Paul Nzété au Congo[3] et de Ndiassé Thiam au Sénégal[4] montre que le lingala dans le premier cas, le wolof dans le second cas,

---

1. Voir Louis-Jean Calvet, *Les langues véhiculaires,* « Que sais-je ?, n° 1916, 1981.
2. Louis-Jean Calvet, *Les langues véhiculaires,* p. 78.
3. Paul Nzété, *Le lingala de la chanson zaïro-congolaise de variétés,* thèse d'Etat, Université René-Descartes, Paris, 1991.
4. Ndiassé Thiam, L'évolution du wolof véhiculaire en milieu urbain sénégalais ; le contexte dakarois, *Plurilinguismes,* n° 2, Paris, 1990.

se « simplifient » en fonction véhiculaire. La notion de simplification n'est bien entendu pas très scientifique, nous l'utilisons ici pour désigner le fait que la langue véhiculaire voit son système grammatical se réduire, se régulariser. Ainsi, le système de classes de ces deux langues est-il plus complexe en milieu rural (où elles sont surtout langues premières) qu'en milieu urbain, où elles sont surtout langues véhiculaires. Et le fait que la *fonction* d'une langue puisse avoir des retombées sur sa *forme* est une des découvertes fondamentales de la sociolinguistique.

VI. — La diglossie et les conflits linguistiques

Nous avons vu que le bilinguisme était pour Weinreich un phénomène individuel. C'est au bilinguisme social que va s'attaquer Ferguson lorsque, dans un article de 1959[1], il lance le concept de *diglossie,* coexistence dans une même communauté de deux formes linguistiques qu'il baptise « variété basse » et « variété haute ». Pour l'illustrer, il prend quatre exemples : les situations arabophones (dialecte/arabe classique), la Grèce (demotiki/katharevoussa), Haïti (créole/français) et la partie germanophone de la Suisse (suisse allemand/hochdeutch). Et les situations de diglossie sont pour lui caractérisées par un ensemble de traits dont voici la liste :

— une répartition fonctionnelle des usages : on utilise la variété haute à l'église, dans les lettres, dans les discours, à l'université, etc., tandis qu'on utilise la variété basse dans les conversations familières, dans la littérature populaire, etc. ;
— le fait que la variété haute jouisse d'un prestige social dont ne jouit pas la variété basse ;

1. Charles Ferguson, Diglosia, *Word,* 1959, 15, cité ici dans Giglioli, *Language and Social Context,* 1972.

— le fait que la variété haute ait été utilisée pour produire une littérature reconnue et admirée ;
— le fait que la variété basse soit acquise « naturellement » (c'est la première langue des locuteurs) tandis que la variété haute est acquise à l'école ;
— le fait que la variété haute soit fortement standardisée (grammaires, dictionnaires, etc.) ;
— le fait que la situation de diglossie soit stable, qu'elle puisse durer plusieurs siècles ;
— le fait que ces deux variétés d'une même langue, liées par une relation génétique, aient une grammaire, un lexique et une phonologie relativement divergents.

Tout ceci lui permet de définir la diglossie comme « une situation linguistique relativement stable dans laquelle, outre les formes dialectales de la langue (qui peuvent inclure un standard, ou des standards régionaux), existe une variété superposée très divergente, hautement codifiée (souvent grammaticalement plus complexe), véhiculant un ensemble de littérature écrite vaste et respecté (...), qui est surtout étudiée dans l'éducation formelle, utilisée à l'écrit ou dans un oral formel mais n'est utilisée pour la conversation ordinaire dans aucune partie de la communauté »[1].

Quelques années plus tard, Joshua Fishman reprend le problème en élargissant la notion de diglossie[2]. Il distingue d'abord entre le bilinguisme, fait individuel, qui relève de la psycholinguistique, et la diglossie, phénomène social, puis ajoute qu'il peut y avoir diglossie entre plus de deux codes et, surtout, que ces codes n'ont pas besoin d'avoir une origine commune, une relation génétique. C'est-à-dire que n'importe quelle situation coloniale par exemple, mettant en présence une langue européenne et une langue africaine, relève de la

---

1. Ferguson, « Diglossia », p. 245.
2. Joshua Fishman, Bilingualism with and without diglossia, diglossia with and without bilingualism, *Journal of Social Issues,* 1967, 32.

diglossie. Restent les rapports entre bilinguisme et diglossie, que Fishman structure dans un tableau à double entrée :

		diglossie	
		+	−
bilinguisme	+	1. bilinguisme et diglossie	2. bilinguisme sans diglossie
	−	3. diglossie sans bilinguisme	4. ni diglossie ni bilinguisme

Nous avons donc, selon Fishman, quatre situations polaires :

1. *Bilinguisme et diglossie* : tous les membres de la communauté connaissent la forme haute et la forme basse. C'est le cas du Paraguay (espagnol et guarani).

2. *Bilinguisme sans diglossie* : il y a de nombreux individus bilingues dans une société, mais on n'utilise pas les formes linguistiques pour des usages spécifiques. Ce serait le cas de situations instables, de situations en transition entre une diglossie et une autre organisation de la communauté linguistique.

3. *Diglossie sans bilinguisme* : dans une communauté sociale il y a répartition fonctionnelle des usages entre deux langues, mais un groupe ne parle que la forme haute tandis que l'autre ne parle que la forme basse. Fishman cite ici le cas de la Russie tsariste (la noblesse parlait français, le peuple russe).

4. *Ni diglossie ni bilinguisme* : il n'y a qu'une seule langue, et cette situation n'est imaginable que dans une toute petite communauté.

La notion de *diglossie* a eu un important écho dans la sociolinguistique naissante, avant de prêter le flanc à un certain nombre de critiques, venant en particulier des chercheurs travaillant sur les créoles et sur le bilinguisme hispanique (surtout les sociolinguistes catalans). En effet, Ferguson comme Fishman avaient tendance à sous-estimer les conflits dont témoignent les situations de diglossie. Lorsque Ferguson introduisait la *stabilité* dans la définition du phénomène, il laissait entendre que ces situations pouvaient être harmonieuses et durables. Or la diglossie, tout au contraire, est en perpétuelle évolution. Le cas de la Grèce, que Ferguson prenait comme l'un de ses exemples, est ainsi, trente ans après, complètement modifié : la variété « basse » de Ferguson, le grec démotique, est aujourd'hui langue officielle et l'ancienne variété « haute » ne sera bientôt qu'une langue morte. De façon plus générale, l'histoire nous montre que très souvent l'avenir des variétés « basses » est de devenir variété « haute » (ce fut le cas des langues romanes, français, espagnol, italien, etc., face au latin).

On a ainsi l'impression que le succès du concept de diglossie s'explique par le moment historique où il fut lancé. A l'époque des indépendances africaines, de nombreux pays étaient confrontés à une situation linguistique complexe : plurilinguisme d'une part et prédominance officielle de la langue coloniale d'autre part. Donnant un cadre théorique à cette situation, la diglossie tendait à la présenter comme normale, stable, à gommer le conflit linguistique dont elle témoignait, à justifier en quelque sorte qu'on n'y change rien (ce qui fut d'ailleurs le cas dans la plupart des pays décolonisés). Ces rapports entre science et idéologie ne sont pas chose rare, et nous présenterons dans le chapitre VI les problèmes qu'ils peuvent poser dans le cadre d'une politique linguistique.

Chapitre III

COMPORTEMENTS ET ATTITUDES

L'un des reproches que l'on peut faire aux définitions de la langue qui la ramènent à un « instrument de communication » est qu'elles risquent de laisser croire à un rapport neutre entre le locuteur et sa langue. Un instrument, en effet, est un outil que l'on prend lorsqu'on en a besoin, que l'on remise ensuite. Or les rapports que nous avons à nos langues et à celles des autres ne sont pas tout à fait de ce type : nous ne sortons pas l'instrument-langue de son étui lorsque nous avons besoin de communiquer pour l'y ranger ensuite, comme nous prenons un marteau lorsque nous avons besoin de planter un clou. Il existe en effet tout un ensemble d'*attitudes,* de sentiments des locuteurs face aux langues, aux variétés de langues et à ceux qui les utilisent, qui rendent superficielle l'analyse de la langue comme un simple instrument. On peut aimer ou ne pas aimer un marteau, mais cela ne change rien à la façon dont on plante un clou, alors que les attitudes linguistiques ont des retombées sur le comportement linguistique.

I. — **Les préjugés**

L'Histoire est remplie de proverbes ou de formules toutes faites qui expriment les préjugés du temps sur les langues. On raconte que Charles Quint parlait aux hommes en français, en allemand à ses chevaux et en espagnol à Dieu. Tullio de Mauro cite un proverbe du XVIIe siècle qui dit que « l'Allemand hurle, l'Anglais pleure, le Français chante, l'Italien joue la comédie et l'Espagnol parle », et il ajoute : « Nous sommes manifestement ici à la limite où les stéréotypes linguistiques et nationalistes se confondent. »[1] On peut aussi penser à l'expression française « Parler français comme une vache espagnole » dont l'origine (« comme un Basque espagnol ») nous montre que, là aussi, le jugement sur la langue atteint une autre cible, le locuteur.

Ces stéréotypes ne concernent pas seulement les différentes langues mais également les variantes géographiques des langues, souvent classées par le sens commun le long d'une échelle de valeurs. Ainsi la division des formes linguistiques en langues, dialectes et patois est-elle considérée, de façon péjorative, comme isomorphe de divisions sociales elles-mêmes fondées sur une vision péjorative : à la langue correspond une communauté « civilisée », aux dialectes et aux patois des communautés de « sauvages », les premiers étant regroupés en peuples ou en nations, les seconds en tribus...[2] Et l'on utilise tout un éventail de qualificatifs, *dialecte, jargon, charabia, patois,* pour signifier tout le mal que l'on pense d'une façon de parler

D'autres stéréotypes concernent le « beau parler ». On entend dire dans tous les pays qu'il y a un endroit où la langue nationale est pure (on parle, pour la France, de l'Anjou), qu'il existe des accents désagréables et d'autres harmonieux, etc. Et derrière ces stéréotypes se profile la notion de *bon usage,* l'idée qu'il y a des façons de bien parler la langue et d'autres qui, par comparaison, sont à condamner. On trouve ainsi chez tous les locuteurs une

---

1. Tullio de Mauro, *Une introduction à la sémantique,* Paris, Payot, 1969 p. 48.
2. Voir Louis-Jean Calvet, *Linguistique et colonialisme,* Paris, Payot, 1974.

sorte de norme spontanée qui les fait décider que telle forme est à proscrire, telle autre à admirer : *on ne dit pas comme cela, on dit comme cela,* etc.

Si les usages varient, géographiquement, socialement et historiquement, la norme spontanée varie de la même façon : on n'a pas les mêmes attitudes linguistiques dans la bourgeoisie et dans la classe ouvrière, à Londres ou en Ecosse, aujourd'hui et il y a un siècle.

Ce qui intéresse ici la sociolinguistique, c'est le comportement social que cette norme peut entraîner. Elle peut en fait avoir deux types de retombées sur les comportements linguistiques : les unes concernent la façon dont les locuteurs considèrent leur propre parler, les autres concernent les réactions des locuteurs au parler d'autrui. Dans un cas on valorisera sa pratique linguistique ou on tentera au contraire de la modifier pour se conformer à un modèle prestigieux, dans l'autre cas on jugera les gens sur leur façon de parler.

II. — **Sécurité/insécurité**

Commençons par un exemple simple, celui du rapport que les locuteurs peuvent avoir à certaines prononciations de leur langue.

Peter Trudgill a mené dans la ville de Norwich, en Grande-Bretagne, une longue enquête dont nous extrayons un seul point : la prononciation de mots comme *tune, student, music,* etc., pour lesquels deux variantes coexistent à Norwich, /juː/ et /uː/. Ainsi pour *tune,* on a /tjuːn/ d'une part, et /tuːn/ d'autre part, la première étant considérée comme plus prestigieuse que la seconde. Après avoir noté, dans des enregistrements, si les enquêtés prononçaient plutôt la variante 1 ou la variante 2, on leur demandait de dire comment ils prononçaient, c'est-à-dire en fait comment ils croyaient prononcer. Voici, résumé en un tableau, le résultat de ce croisement :

Tableau 1

	disent prononcer /tju:n/	disent prononcer /tu:n/	
prononcent /tju:n/	60%	40%	=100%
prononcent /tu:n/	16%	84%	=100%

C'est-à-dire que 40 % des gens qui pratiquaient la prononciation « prestigieuse » avaient tendance à sous-évaluer leur prononciation tandis que 16 % de ceux qui pratiquaient la prononciation « dévalorisée » avaient tendance à surévaluer leur prononciation.

En croisant ces données avec la variable sexe, Trudgill obtient des résultats surprenants :

Tableau 2

	total	hommes	femmes
surévaluent	13%	0%	29%
sous-évaluent	7%	6%	7%
évaluent correctement	80%	94%	64%

qu'il commente ainsi : « Nous pouvons dire que les femmes, dans de très nombreux cas, se définissent elles-mêmes comme utilisant des variantes plus prestigieuses qu'elles ne le font réellement, sans doute parce qu'elles voudraient les utiliser ou pensent qu'elles devraient le faire et peut-être alors croient réellement qu'elles le font. C'est-à-dire que les locuteurs se considèrent comme utilisant la forme à laquelle ils aspirent et qui a pour eux des connotations favorables plutôt que la forme qu'ils utilisent réellement. »[1]

Il reste bien sûr à interpréter ces données. La variable

---

1. Peter Trudgill, *Sociolinguistics,* Harmondsworth, Middlesex, Penguin Books, 1974, p. 97.

sexe nous montre ici l'existence d'attitudes différentes des hommes et des femmes face au comportement social, la langue n'étant jamais que l'un des comportements sociaux, mais quelle est la signification de cette différence ? Il y a dans un livre de Pierre Bourdieu un passage suggestif : « Et l'on comprend ainsi que, comme les sociolinguistes l'ont souvent observé, les femmes soient plus promptes à adopter la langue légitime (ou la prononciation légitime) : du fait qu'elles sont vouées à la docilité à l'égard des usages dominants et par la division du travail entre les sexes, qui les spécialise dans le domaine de la consommation, et par la logique du mariage, qui est pour elle la voie principale, sinon exclusive, de l'ascension sociale, et où elles circulent de bas en haut, elles sont prédisposées à accepter, et d'abord à l'Ecole, les nouvelles exigences du marché des biens symboliques. »[1] Nous reviendrons au chapitre IV sur les positions de Pierre Bourdieu, qui ne s'intéresse que peu au problème des attitudes comme nous le traitons ici, mais on voit que le comportement linguistique est ici lié à un comportement social plus large. On pourrait aussi dire, à l'inverse, que les hommes ne ressentent pas le besoin de mettre en question leur façon de parler, qu'ils l'estiment légitime. Et ces deux interprétations complémentaires nous mènent au couple sécurité/insécurité linguistique. On parle de *sécurité linguistique* lorsque, pour des raisons sociales variées, les locuteurs ne se sentent pas mis en question dans leur façon de parler, lorsqu'ils considèrent *leur* norme comme *la* norme. A l'inverse, il y a *insécurité linguistique* lorsque les locuteurs considèrent leur façon de parler comme peu valorisante et ont en tête un autre modèle, plus prestigieux, mais qu'ils ne pratiquent pas.

Nous relaterons longuement au chapitre suivant une

---

1. Pierre Bourdieu, *Ce que parler veut dire,* Paris, Fayard, 1982, p. 35.

enquête de W. Labov sur New York qui entre autres choses a montré que les locuteurs considéraient comme marque de prestige certaines prononciations alors même qu'ils ne les pratiquaient pas. Il y a ainsi, dans la société, ce que nous pourrions appeler des regards sur la langue, des images de la langue, en un mots des *normes* qui peuvent être partagées par tous ou être différenciées selon certaines variables sociales (le sexe, dans l'exemple de Norwich) et qui génèrent des sentiments, des attitudes, des comportements eux-mêmes différenciés. Labov en donne un bel exemple à propos de la petite bourgeoisie new-yorkaise : il note que « les fluctuations stylistiques, l'hypersensibilité à des traits stigmatisés que l'on emploie soi-même, la perception erronée de son propre discours, tous ces phénomènes sont le signe d'une profonde insécurité linguistique chez les locuteurs de la petite bourgeoisie ». Et il ajoute : « En général, les New-Yorkais éprouvent une forte répugnance pour "l'accent" de leur ville. La plupart d'entre eux se sont efforcés de modifier leur façon de parler, et on leur fait un vrai compliment quand on leur dit qu'ils y ont réussi. Et pourtant, presque tous se font aussitôt reconnaître, dès qu'ils posent le pied hors de l'agglomération. De plus, ils sont tous persuadés que les étrangers, pour une raison ou une autre, détestent eux aussi le parler de New York. Enfin, ils sont convaincus qu'il existe une langue "correcte" qu'il s'efforcent d'atteindre dans leur conversation soignée. »[1]

III. — **Attitudes positives et négatives**

Nous verrons au paragraphe suivant (hypercorrection) les retombées que ces attitudes peuvent avoir sur

---

1. William Labov, *Sociolinguistique,* Paris, Ed. de Minuit, 1976, p. 200-201.

les pratiques linguistiques. Mais, face à la variation, on rencontre des attitudes de refus ou d'acceptation qui n'ont pas nécessairement d'influence sur la façon dont parlent les locuteurs mais en ont certainement sur la façon dont ils perçoivent le discours des autres.

Lopes Morales[1] a ainsi enquêté sur la perception dans l'île de Puerto Rico d'une prononciation vélarisée du /r/ en espagnol (mais peu importe ici l'objet de l'enquête, il pourrait s'agir de n'importe quel autre fait linguistique). D'une façon générale, 66,6 % des locuteurs interrogés avaient, face à cette prononciation, une attitude négative, et 33,4 % l'acceptaient. Mais cette attitude variait selon l'origine géographique des gens interrogés :

origine	attitude positive	attitude négative
capitale	29,6	70,4
est	37,9	62
nord	38,4	61,6
centre	42,1	58,3
ouest	46,3	53,6
sud	56,8	43,1

Interrogés sur les raisons de leur refus de cette prononciation, les enquêtés donnent cinq types de réponse :
— cette prononciation n'est pas espagnole, c'est un régionalisme (59,9 % des réponses) ;
— elle est typique des zones rurales, c'est une prononciation de paysan (72,4 % des réponses) ;
— c'est une prononciation caractéristique d'un niveau socioculturel peu élevé, elle est vulgaire (35,6 % des réponses) ;

---

1. Humberto Lopez Morales, *Sociolinguistica,* Madrid, Gredos, p. 236-240.

— elle vient d'une déficience anatomique, une membrane (*frenillo* en espagnol) sous la langue (25,6 % des réponses) ;
— elle est laide (7,9 % des réponses).

Comme on voit, on trouve de tout dans ces réponses et cet éventail est tout à fait caractéristique de l'éventail des attitudes linguistiques que l'on rencontre dans la société.

La première explication (« c'est un régionalisme ») repose sur une réalité (la prononciation vélaire du /r/ est typique de Puerto Rico) mais considère de façon implicite qu'il y a ailleurs, hors du pays, une bonne façon de prononcer, différente de la prononciation locale, c'est-à-dire qu'il y a une façon *prestigieuse* de parler l'espagnol, qui ne vélarise pas les /r/, et que le parler local est ici dévalorisé.

La seconde explication (« c'est une prononciation de paysans ») est typique du mépris social que l'on peut avoir face aux ruraux, mais il faut immédiatement signaler que l'on peut rencontrer le phénomène exactement inverse. Dans des situations dans lesquelles l'urbanisation est vécue comme un danger pour l'identité, on va au contraire valoriser la façon de parler des paysans, comme plus proche de la « vraie » langue. J'ai noté cette réaction dans de nombreux pays d'Afrique : on dit à Bamako (Mali) que le bambara de la capitale n'est pas pur, que le « vrai » bambara se parle à Ségou (une petite ville située à 200 km de Bamako), on dit au Sénégal que le wolof des paysans est plus pur que celui de la ville, trop marqué par le français, etc.

Il en va de même de la troisième explication (« prononciation vulgaire ») qui relève du même type de mépris, non plus face à la différence géographique (ville/campagne) mais face à la différence sociale.

La quatrième explication (« déficience anatomique ») relève bien sûr du fantasme, mais elle est porteuse de racisme potentiel.

Enfin, la dernière explication (« prononciation laide ») est uniquement affective, mais cette attitude est très répandue tant face aux formes locales de parlers que face aux langues étrangères.

Quant aux gens qui avaient une attitude positive face à cette prononciation, ils s'en expliquaient de deux façons :

— c'est une prononciation typique de Puerto Rico (82,2 % des réponses) ;
— toutes les prononciations sont acceptables.

Ainsi les locuteurs interrogés se séparent dans leur appréciation de cette prononciation selon un certain nombre de lignes de force. Une première séparation s'opère entre ceux qui défendent la prononciation locale et les autres : nous retrouvons ici le thème de la sécurité et de l'insécurité évoqué plus haut. De la même façon, les locuteurs britanniques ont tendance à refuser la prononciation américaine de l'anglais, c'est-à-dire à considérer leur prononciation comme correcte. Une autre séparation s'opère entre ceux qui considèrent de façon défavorable l'espagnol des paysans ou des ouvriers et ceux qui l'admettent : c'est un autre comportement social caractéristique qui apparaît ici. Dans tous les cas, émerge une idée que nous développerons au chapitre suivant avec Bourdieu, celle de *forme légitime* de la langue. En effet, les comportements que nous venons de décrire sont *à la fois* linguistiques et sociaux : il y a derrière eux des rapports de forces qui s'expriment par des assertions sur la langue mais qui concernent les locuteurs de cette langue. Et, quelles que soient les formes stigmatisées, refusées, classées comme illégitimes (au nom de critères de prestige, de classes sociales, d'anormalité congénitale, etc.), elles le sont par référence à une forme considérée comme légitime. La façon dont s'instaure cette légitimité est, nous le verrons, au centre de la réflexion de Bourdieu.

IV. — L'hypercorrection

Croire qu'il y a une façon prestigieuse de parler sa langue implique, si l'on ne pense pas posséder cette façon de parler, qu'on tente de l'acquérir. On en trouve un bon exemple dans la pièce de théâtre de Bernard Shaw, *Pygmalion* (porté à l'écran sous le titre de *My fair Lady*). On y voit une jeune marchande de fleurs, Eliza Doolittle, venir chez un professeur de phonétique, Henry Higgins, pour acquérir la façon prestigieuse de parler anglais. Mais ses motivations ne sont pas linguistiques, elles sont sociales : « Je veux être une lady dans une boutique de fleuriste au lieu de vendre au coin de Tottenham Court Road. » L'histoire finira bien, comme on sait, mais Shaw a ici parfaitement transcrit les sentiments linguistiques des Britanniques face à une prononciation fortement dévalorisée, celle des cockneys, qui se caractérise en particulier par l'absence d'aspiration à l'initiale (*airy* et *hairy* par exemple n'étant pas distingués), par certaines variantes dans les diphtongues (*late* par exemple prononcé /lait/, comme *light,* au lieu de /leit/), etc.

Or ce mouvement tendanciel vers la norme peut engendrer une restitution exagérée des formes prestigieuses : l'*hypercorrection*. Cette tendance s'est souvent manifestée dans la graphie : sur le modèle du latin *noctem,* on a par exemple vu la graphie *nuict* qui croyait restituer le *c* perdu, alors que c'est justement ce /k/ qui s'est palatalisé pour donner le /i/ de *nuit*. Mais elle est surtout manifeste dans la volonté de certains locuteurs d'imiter la forme prestigieuse et « d'en rajouter ». Cette pratique peut correspondre à des stratégies différentes : faire croire que l'on domine la langue légitime ou faire oublier son origine. William Labov cite par exemple le cas des locuteurs du yiddish migrants de première génération qui, en anglais, ne réalisent pas la distinction entre voyelles basses d'arrière arrondies et non arrondies (c'est-à-dire que *cup* et *coffee* sont prononcés avec la même voyelle) : il s'agit là d'une interférence phonétique avec leur première langue. Mais leurs enfants vont tout faire pour éviter cette prononciation : « A la seconde génération, il se produit une réaction contre cette tendance, qui, par hypercorrection, entraîne une exagération de la distinction, de telle sorte que (oh) devient alors haut, tendu et sur-arrondi. »[1]

Cette hypercorrection témoigne bien sûr d'une insécurité linguistique : c'est parce que l'on considère sa façon de parler comme peu prestigieuse que l'on tente d'imiter, de façon exagérée, les formes prestigieuses. Et ce comportement peut en entraîner d'autres qui viennent se greffer sur lui : l'hypercorrection peut être perçue comme ridicule par ceux qui dominent la forme « légitime » et qui vont donc en retour juger de façon dévalorisante ceux qui tentent d'imiter une prononciation valorisée. Cet emboîtement peut se poursuivre à l'infini ou presque, et nous montre l'ancrage social profond des attitudes linguistiques. Jetant un regard de sociologue sur le phénomène, Pierre Bourdieu écrit : « L'hypercorrection petite bourgeoise qui trouve ses modèles et ses instruments de correction auprès des arbitres les plus consacrés de l'usage légitime, académiciens, grammairiens, professeurs, se définit dans la relation subjective et objective à la "vulgarité" populaire et à la "distinction" bourgeoise », et il ajoute un peu plus loin qu'en retour « l'évitement conscient ou inconscient des marques les plus visibles de la tension et

1. William Labov, *Sociolinguistique,* Paris, Ed. de Minuit, 1976, p. 251.

de la contention linguistiques des petits-bourgeois (par exemple, en français, le passé simple qui "fait vieil instituteur") peut porter les bourgeois ou les intellectuels vers l'hypocorrection contrôlée qui associe le relâchement assuré et l'ignorance souveraine des règles pointilleuses à l'exhibition d'aisance sur les terrains les plus périlleux »[1].

Quoi qu'il en soit, l'hypercorrection et l'hypocorrection sont des *stratégies* qui se laissent lire dans le discours mais qui ont une fonction autre, une fonction sociale. Les enjeux de l'acquisition de telle ou telle forme linguistique, du contrôle de telle ou telle prononciation, ne sont linguistiques qu'en apparence : la compétence qui se trouve derrière cette maîtrise linguistique est une compétence sociale, comme les bénéfices que l'on peut en tirer. On voit tout de suite les retombées de cette analyse : l'impossibilité de distinguer, au plan théorique, l'enjeu linguistique de l'enjeu social, et de façon plus générale la difficulté à séparer le social du linguistique dans la théorie comme dans la description.

V. — **Les attitudes et le changement linguistique**

Les attitudes et les sentiments dont nous avons traité (sécurité, insécurité, hypercorrection, hypocorrection) peuvent, nous l'avons vu, être le fait d'individus (comme Eliza Doolittle dans *Pygmalion*) ou de groupes sociaux (comme la petite-bourgeoisie new-yorkaise). Dans ce second cas, si nous passons d'une analyse synchronique à une analyse diachronique, se pose la question du rôle de ces attitudes dans le changement linguistique. Comment les langues changent-elles, pourquoi évoluent-elles ? Ces questions

1. Pierre Bourdieu, *Ce que parler veut dire,* Paris, Fayard, 1982, p. 55.

sont vieilles comme la linguistique, et certaines réponses ont fait notablement évoluer la science, en particulier par le biais de lois phonétiques qui ont par exemple permis de reconstruire une langue dont nous n'avons en fait aucune trace, l'indo-européen. Mais ces réponses se sont majoritairement situées dans le cadre d'une linguistique interne, qui ne prenait en compte que la structure ou, pour en revenir à la formule finale du *Cours de linguistique générale* de Ferdinand de Saussure, à « la langue en elle-même et pour elle-même ». Nous allons voir qu'au contraire les attitudes linguistiques (qui bien entendu n'ont rien à voir avec la linguistique interne) sont un puissant facteur d'évolution. Nous allons d'abord en prendre un exemple restreint par son ampleur mais intéressant sur le plan théorique, celui de la liaison en français. On connaît l'histoire de l'homme politique qui entame son discours par *Je suis ému* et s'entend répondre par la foule hilare : *Vive Zému*. Pour éviter bien sûr pareille mésaventure, il suffit soit de ne pas faire la liaison en prononçant « Je /syi ɛmy/ » soit de la faire sans enchaîner la consonne de liaison sur la voyelle suivante qui sera alors précédée d'une occlusion glotale : « *Je /syiz ʔɛmy/*. »

Pierre Encrevé a étudié ce phénomène, qu'il appelle la *liaison avec ou sans enchaînement*. Analysant un corpus constitué de discours de dirigeants politiques français, Encrevé note d'abord que sur une courte période, entre 1978 et 1981, le taux de non-enchaînement tend à croître. Par exemple 8 % des liaisons possibles ne sont pas enchaînées par Raymond Barre en 1978 contre 15,5 % en 1981, et ces pourcentages sont respectivement de 11,6 % et 17,6 % pour Jacques Chirac, 10,9 % et 13,1 % pour Valéry Giscard d'Estaing, 11,4 % et 25,7 % pour Georges Marchais, 6,9 % et 15,6 % pour François Mitterrand, etc. L'échantillonnage étant limité dans le temps, Encrevé a alors réalisé à l'aide de documents d'archives d'autres corpus. Par exemple, en étudiant les discours de François Mitterrand au cours de quatre périodes, et ceux de Valéry Giscard d'Estaing au cours de trois périodes, on obtient les résultats suivants :

Mitterrand

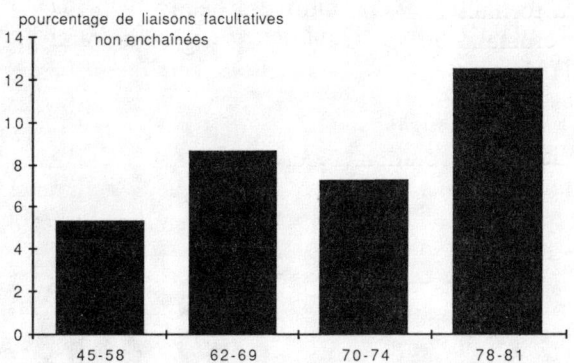

Giscard d'Estaing

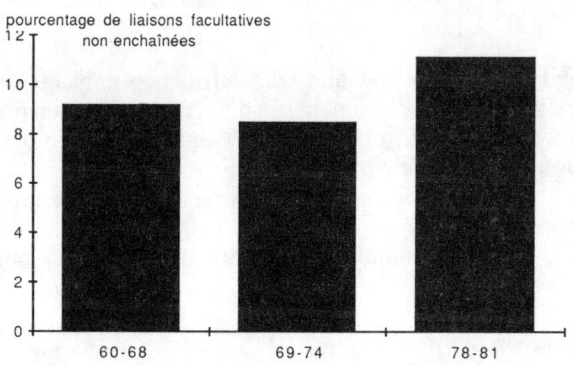

Cette évolution *à l'intérieur* des discours d'une même personne est confirmée, de façon plus large, par l'évolution des discours de l'ensemble des chefs d'Etat considérés depuis 1928 (Pétain, Blum, de Gaulle, Pompidou, Giscard d'Estaing, Mitterrand). Le tableau suivant présente les pourcentages de liaisons non enchaînées par tranche de temps depuis 1928 : ainsi le chiffre 1 renvoie à Pétain 1928-1938, le chiffre 2 à Blum 1936-1938, le chiffre 3 à Pétain 1940-1942, etc., jusqu'au chiffre 15 qui renvoie à Mitterrand 1978-1981 :

1928-1981

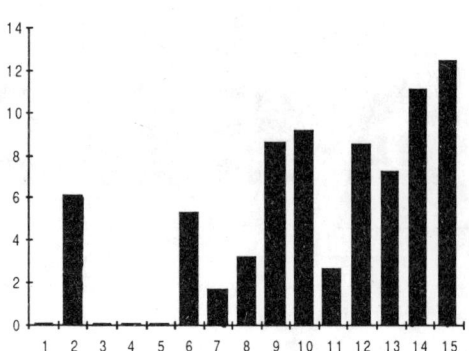

Encrevé souligne que ces chiffres « semblent bien refléter une évolution nette d'un état où l'enchaînement était catégorique dans le bon usage, en style soutenu, à la situation actuelle où l'enchaînement est un phénomène variable même s'il s'impose de façon très majoritaire. »[1]

Mais ce phénomène n'apparaît pas seulement dans

---

1. Pierre Encrevé, *La liaison avec et sans enchaînement,* Paris, Ed. du Seuil, 1988, p. 71.

les discours des chefs d'Etat : « *Il ne faudrait surtout pas conclure du fait que nous avons établi la réalité linguistique de la liaison sans enchaînement dans la parole publique des hommes politiques que c'est un trait qui leur appartient en propre. Certainement pas.* (...) <u>On le rencontre dans des proportions semblables chez la plupart des locuteurs de toutes les catégories de *professionnels de la parole publique*</u> : journalistes de radio et de télévision, intellectuels (et notamment membres de l'enseignement supérieur), prédicateurs, avocats, etc. »[1]

Dans cette catégorie sociale, la pratique en question peut s'expliquer de façon assez simple : <u>réalisation de la liaison</u> (parce que la norme mondaine comme la norme scolaire l'exigent, mais aussi par peur de l'hiatus), mais <u>réalisation sans enchaînement par souci de bien séparer les mots</u> : « <u>Bien détacher les mots sans renoncer à faire entendre la consonne de liaison conduit inévitablement à la liaison sans enchaînement</u> », conclut Encrevé.

Le lecteur pensera peut-être que voilà beaucoup de bruit pour pas grand-chose. Le phénomène décrit est en effet restreint, et les locuteurs n'en sont pratiquement pas conscients. Voici un extrait du corpus d'Encrevé, dans lequel le locuteur (un ancien Premier ministre) se reprend, se corrige : « Quand monsieur Mitterrand était ministre, et Dieu sait qu'il l'a beaucoup été, euh beaucoup été... », prononçant d'abord /bokupete/ puis /bokup ?ete/. Que s'y passe-t-il ? Techniquement, on pourrait dire que dans le premier cas il y a syllabation à droite (le *p* final de *beaucoup* est attribué à la première syllabe de été) et dans le second cas syllabation à gauche (*beaucoup* garde son *p*...). Ici, le locuteur a consciemment alterné enchaînement et non-enchaînement, à cause de l'ambiguïté qui résulte

---

1. *Ibid.*, p. 269.

de la syllabation à droite (« il a beaucoup pété »). Mais cette conscience du phénomène est extrêmement rare.

Si, de façon générale, ce phénomène se ramène donc à une très légère évolution chez les professionnels de la parole publique, il pose cependant une question sociolinguistique intéressante : la langue des média et de la politique peut-elle influencer les locuteurs qui, face à elle, ne sont que récepteurs, auditeurs ? En d'autres termes : « Quels rapports linguistiques entretiennent les auditeurs avec une forme de langage qu'ils écoutent mais ne produisent pas ? »[1] Car la multiplication dans tous les foyers de postes de radio et de télévision fait qu'aujourd'hui on entend partout la « langue légitime » et qu'on peut se demander si, sur ce point limité, elle va être imitée sur le mode de l'hypercorrection que nous avons décrit plus haut.

Encrevé conclut son ouvrage de façon inattendue : la liaison sans enchaînement, qui a pour retombée de multiplier les syllabes fermées (avec consonne finale), débouche sur la pratique de « prononcer comme on écrit, puisqu'il paraît exclu qu'on puisse jamais écrire légitimement comme on prononce. Il est tout à fait logique que cette tendance se manifeste d'abord dans la parole des professionnels du discours public, qui sont aussi des professionnels de l'écrit »[2]. Le lecteur pourra, s'il a l'oreille phonétique, vérifier dans les années à venir l'éventuelle progression de la liaison sans enchaînement en français. Pour notre part nous allons maintenant passer au problème général des rapports entre attitudes linguistiques et changement, qui éclairera d'un autre jour le fait mineur de la liaison avec ou sans enchaînement.

William Labov a présenté la façon dont se produit

1. *Ibid.*, p. 279.
2. *Ibid.*, p. 284.

l'évolution en peu de mots : « On peut considérer que le processus de changement linguistique se déroule en trois étapes. A l'origine, le changement se réduit à une variation, parmi des milliers d'autres, dans le discours de quelques personnes. Puis il *se propage* et se voit adopté par tant de locuteurs qu'il s'oppose désormais de front à l'ancienne forme. Enfin, il *s'accomplit,* et atteint à la régularité par l'élimination des formes rivales. »[1] Ce résumé est certes rapide, et l'on trouve ailleurs chez le même auteur une présentation plus rigoureuse du phénomène :

« 1. Un trait de langue utilisé par un groupe A est marqué par rapport à un autre dialecte standard.

« 2. Le groupe A est pris comme référence par un groupe B, qui adopte le trait et en exagère l'usage, en signe d'une certaine identité sociale, par réactions à des pressions extérieures.

« 3. L'hypercorrection engendrée par une pression accrue, combinée aux forces de symétrie qui agissent dans la structure, amènent une généralisation du trait vers d'autres unités linguistiques du groupe B.

« 4. Une nouvelle norme s'instaure à mesure que s'installe le processus de généralisation.

« 5. Cette nouvelle norme est adoptée par le groupe contigu et les suivants, pour qui le groupe B sert de référence »[2].

On voit que la liaison sans enchaînement, à laquelle nous avons consacré un long développement, ne se situe guère qu'au point 1 de ce schéma. Mais on en trouvera une illustration plus avancée dans la prononciation du français qu'ont les bandes de jeunes Beurs

---

1. William Labov, *Sociolinguistique,* Paris, Ed. de Minuit, 1976, p. 190.
2. *Ibid.,* p. 90.

des banlieues parisiennes, lyonnaises et marseillaises, et dans la façon dont cette prononciation se diffuse, à ceci près qu'il s'agit ici d'hypocorrection, et non pas d'hypercorrection, et que le mouvement consiste autant à s'éloigner de la phonétique du français standard qu'à affecter une prononciation maghrébine.

On voit ainsi que l'approche sociolinguistique peut enrichir, voire renouveler, l'explication et la compréhension du changement linguistique dont l'étude en termes de structure interne ne rend compte qu'imparfaitement. Mais, pour que ces explications soient complètes et convaincantes, la description doit prendre en compte un certain nombre de facteurs linguistiques et de facteurs sociaux auxquels est consacré le chapitre suivant.

Chapitre IV

LES VARIABLES LINGUISTIQUES ET LES VARIABLES SOCIALES

Les langues changent tous les jours, elles évoluent, mais à ce changement diachronique s'en ajoute un autre, synchronique : on peut sans cesse repérer dans une langue la coexistence de formes différentes pour un même signifié. Ces *variables* peuvent être géographiques : la même langue peut être prononcée différemment ou avoir un lexique différent en différents points du territoire. Ainsi un objet aussi simple que la *serpillière*, pièce de chiffon pour nettoyer le sol, peut aussi s'appeler la *panosse* (en Savoie et en Suisse), la *wassingue* (dans le Nord), le *torchon* (dans l'Est), la *since* (dans le Sud-Ouest). Un atlas linguistique comme celui de Gilliéron et Edmont nous donne des milliers d'exemples de cette variation régionale[1]. Mais ces *variables* peuvent aussi avoir un sens social, lorsqu'en un même point du territoire une différence linguistique est plus ou moins isomorphe d'une différence sociale. Le problème est alors de dégager à la fois ces variables linguistiques et les variables sociales correspondantes, et nous allons voir que la sociolinguistique a parfois eu du mal à tenir les deux bouts de cet ensemble, le linguistique d'un côté et le social de l'autre.

---

1. J. Gilliéron et E. Edmont, *Atlas linguistique de la France,* Paris, Ed. Champion, 1902-1920.

On entendra ici par *variable* l'ensemble constitué par les différentes façons de réaliser la même chose (un phonème, un signe...) et par *variante* chacune de ces façons de réaliser la même chose.

I. — Un exemple de variables linguistiques : les variables phonétiques

On connaît la différence entre la *phonétique* (qui décrit la prononciation effective des sons de la langue chez les différents locuteurs) et la *phonologie* (qui dégage de ces prononciations une structure abstraite permettant d'organiser ces sons de la langue). On peut ramener cette distinction à la dichotomie saussurienne entre langue et parole : la phonétique est du côté de la parole, la phonologie du côté de la langue. Et cette séparation entre l'abstrait et le concret laisse prévoir qu'à côté du phonème abstrait et invariant ses réalisations phonétiques puissent présenter, au contraire, des variantes. Tout le problème est alors de savoir si ces réalisations différentes sont soit explicables par des variables sociales soit, à l'inverse, permettent de structurer le groupe social.

C'est William Labov qui a le premier travaillé de façon convaincante sur ces questions, en étudiant le traitement de deux semi-voyelles dans la population d'une île située au large des côtes du Massachusetts, Martha's Vineyard : la prononciation de la diphtongue /ay/ dans des mots comme *right, white, pride, wine* ou *wife* et de la diphtongue /aw/ dans des mots comme *house, out, doubt,* etc.

Ce que montre l'enquête de Labov c'est que le premier élément de ces diphtongues, le /a/, a une tendance à être « centralisé » chez les Vineyardais, c'est-à-dire à prendre une prononciation plus proche du /e/. Se pose alors le problème de l'explication de ce trait : « Pourquoi Martha's Vineyard a-t-elle tourné le dos à l'histoire de la langue anglaise ? Je crois qu'il est possible d'apporter à cela une réponse spécifique en étudiant dans le détail la configuration de ce changement phonétique à la lumière des forces sociales qui agissent le plus profondément sur la vie de l'île. »[1] Labov part alors à la recherche de corrélations entre ce trait linguistique (la « centralisation » des deux diphtongues) et des traits sociologiques : distribution de la centralisation selon la répartition géographique (basse île / haute île), distribution selon les groupes sociaux (pêcheurs, fermiers, autres), selon l'ethnie d'origine (anglais, portugais, indien), etc. Mais c'est ailleurs qu'il va trouver son explication.

Il souligne d'abord les difficultés des insulaires à se maintenir sur l'île. A l'époque de l'enquête, il y a 5 563 habitants sur l'île tout au long de l'année, et 42 000 estivants en plus aux mois de juin et juillet, mais cette invasion de touristes ne suffit pas à donner du travail aux habitants, et les Vineyardais connaissent un taux de chômage qui est le double de celui du reste du pays. Certains face à ces difficultés veulent partir, aller vivre sur le continent, d'autres au contraire veulent défendre leur île. Et l'étude de la situation sociale de l'île permet à Labov de formuler son schéma définitif : si l'on considère les attitudes des locuteurs enquêtés envers l'île (attitudes qu'il classe en trois niveaux : positif, ceux qui veulent rester ; neutre, ceux qui n'expriment aucun avis ; négatif, ceux qui veulent partir), on voit que plus les gens ont une attitude positive et plus ils centralisent les deux diphtongues étudiées. En d'autres termes, il y a une distribution sociale des diphtongues, ceux qui veulent rester dans l'île adoptent une prononciation « îlienne » et ceux qui veulent partir adoptent une prononciation « continentale ».

---

1. William Labov, Les motivations sociales d'un changement phonétique, in *Sociolinguistique,* Paris, Ed. de Minuit, 1976, p. 73.

Cette étude, au-delà même de ses résultats au demeurant plutôt limités, est surtout intéressante sur le plan méthodologique. Ce qu'il faut retenir de la démarche de Labov, c'est :

— l'idée de rechercher une (ou des) variable(s) fréquente(s), apparaissant souvent dans la structure linguistique, variables dont la distribution doit être fortement stratifiée : « Cela revient à dire que les enquêtes préliminaires devraient indiquer à son propos une distribution asymétrique parmi les classes d'âge les plus diverses, ou parmi d'autres catégories plus hiérarchisées de la société »[1] ;
— la mise au point d'une méthodologie faisant ressortir ces variables dans les textes produits par les locuteurs ;
— la recherche de corrélation entre cette distribution de traits linguistiques et une distribution de traits sociologiques.

Et, sur le plan théorique, il faut souligner que la démarche consistant à travailler sur des variantes *phonétiques* ne met pas en cause les grands principes de la linguistique structurale, mais que les résultats, la prédictibilité de la variation linguistique selon la définition sociale des locuteurs, constituent par contre une mise en cause de cette linguistique. Le fait que Labov, à l'époque, ne s'en rende pas compte n'enlève rien à cette mini-révolution.

Il va ensuite, dans une autre enquête, analyser la « stratification de /r/ dans les grands magasins new-yorkais », précisant à la fois sa méthodologie et sa théorie des rapports entre les stratifications linguistiques et les stratifications sociales[2]. Labov étudie ici le

---

1. *Ibid.,* p. 53.
2. La stratification sociale de /r/ dans les grands magasins new-yorkais, in *Sociolinguistique,* p. 94-126.

traitement de la variable /r/ en position postvocalique dans des mots comme *car, card, four, fourth,* et part de l'hypothèse générale suivante : « Si deux sous-groupes quelconques de locuteurs new-yorkais sont rangés dans un certain ordre sur une échelle de stratification sociale, cet ordre se traduira tel quel par leur différence quant à l'emploi du /r/. »[1] Il va donc dans un premier temps vérifier cette hypothèse en observant la pratique linguistique des employés de trois grands magasins new-yorkais.

Cette première enquête se fondait sur une méthodologie très simple : demander aux employés où se trouvait un certain rayon, ou à quel étage on se trouvait, afin d'obtenir une réponse (déjà connue bien sûr) dans laquelle apparaisse la forme phonétique étudiée : *fourth floor* (« quatrième étage »), afin de savoir si le /r/ de *fourth* et celui de *floor* étaient prononcés ou non prononcés. Les trois magasins dans lesquels l'enquête était réalisée présentaient des différences notables (localisation géographique, prix pratiqués, journaux dans lesquels ils font de la publicité, etc.), et sont donc classés en trois catégories :

— « haut de l'échelle » : *Saks Fifth Avenue* ;
— « milieu de l'échelle » : *Macy's* ;
— « bas de l'échelle » : *S. Klein.*

Quant aux réalisations du /r/ elles sont notées *r*-1 si le phonème est prononcé, *r*-0 s'il n'est pas prononcé ou se manifeste par un allongement de la voyelle et *d* lorsque les résultats sont douteux. Le croisement entre ces deux ensembles de données (réalisation du /r/, type de magasin) apparaît dans les histogrammes de la page 70.

---

1. *Ibid.,* p. 96.

Présence de r-1

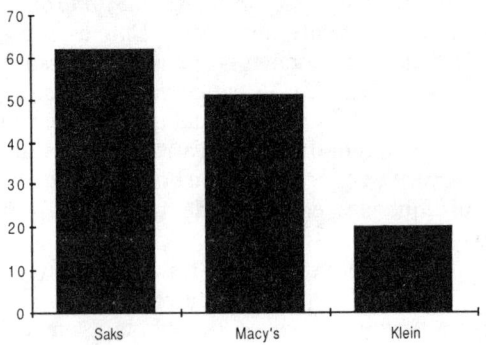

C'est-à-dire que, « au total, 62 % des employés de *Saks,* 51 % de ceux de *Macy's* et 20 % de ceux de *Klein* employaient (*r*-1) exclusivement ou partiellement (...) Comme le prévoyait l'hypothèse, la différence d'emploi de (*r*-1) range ces trois groupes dans un ordre identique à celui qu'engendrent les facteurs extralinguistiques »[1].

Dans une autre enquête[2], Labov va réaliser des tests pour mesurer l'évaluation sociale des variantes dégagées. L'enquête consistait à étudier les réactions subjectives au langage en faisant écouter à 200 témoins des « faux couples », c'est-à-dire des phrases prononcées différemment (par exemple avec ou sans les *r*) par le même locuteur sans que les témoins se rendent compte qu'il s'agit du même locuteur, et en leur demandant de classer les locuteurs sur une échelle d'aptitude professionnelle, comme s'ils étaient des patrons jugeant des candidats. Les résultats peuvent tenir en une phrase : 100 % des enquêtés âgés de 20 à 39 ans

---

1. *Ibid.,* p. 104.
2. Les dimensions subjectives d'un changement linguistique en cours, in *Sociolinguistique*, p. 212-230. (LABOV)

manifestent une réaction positive à la prononciation de *r*-1, considérée comme marque de prestige. Mais ce qui est le plus intéressant est que cette évaluation positive est indépendante de la prononciation des enquêtés : ils considèrent l'usage de *r*-1 comme marque de prestige même s'ils ne l'utilisent pas eux-mêmes. Ce qui permettait à Labov de conclure : « Il serait faux de concevoir la communauté linguistique comme un ensemble de locuteurs employant les mêmes formes. On la décrit mieux comme étant un groupe qui partage les mêmes normes quant à la langue. »[1]

Nous venons d'exposer longuement des exemples de variables phonétiques, mais ce problème concerne également les autres domaines de la langue, le lexique comme la syntaxe. En fait, la plus grande partie des études de linguistique variationniste ont porté sur les sons de la langue, parce que les variations y sont à la fois plus évidentes et plus faciles à décrire et à quantifier, mais le lexique ou la syntaxe nous donnent à voir les mêmes phénomènes.

Ces variables sont souvent liées au changement dans la langue. On peut songer par exemple en français à deux cas. Celui de la négation et celui du passé simple. Il est certain que dans des circonstances formelles, lorsqu'ils surveillent leur façon de parler, les locuteurs français ont tendance à utiliser la négation discontinue *ne... pas,* et qu'ils utilisent plutôt (même s'ils n'en sont pas conscients) la forme unique *pas* lorsqu'ils ne se surveillent pas. Ces deux formes peuvent donc être considérées comme indicatrices de deux styles, que nous pouvons grossièrement définir comme « formel » et « relâché ». De la même façon, le fait d'utiliser le passé simple *(La marquise sortit à cinq heures)* relève d'un style recherché, voire écrit, et c'est plutôt le passé com-

---

1. *Ibid.*, p. 228.

posé *(La marquise est sortie à cinq heures)* que l'on utilise de façon spontanée. Mais ces variantes synchroniques s'inscrivent en fait dans l'histoire : il est probable que le *ne* dans la négation française est amené à disparaître comme le passé simple a pratiquement disparu de l'oral.

II. — Le « vernaculaire noir-américain »

Revenons à William Labov. Nous avons vu que les deux enquêtes sur New York représentaient une évolution notable par rapport à l'étude sur Martha's Vineyard, mais c'est surtout dans son travail sur Harlem qu'il va progresser. L'enquête sur le parler des jeunes Noirs de Harlem part d'un problème éminemment pratique : étudier les causes de leur échec scolaire, en particulier de leurs difficultés dans l'apprentissage de la lecture. On se souvient (voir chap. 1) que Bernstein avait traité ce problème en termes de code restreint et de code élaboré, concluant que les enfants de milieux favorisés dominaient les deux codes, tandis que les enfants de milieux défavorisés ne dominaient que le premier. C'est-à-dire qu'il le traitait en termes de *déficits* linguistiques explicables par des déficits sociaux, en particuliers familiaux.

Labov pour sa part va travailler sur les enfants des « ghettos urbains », précisant que, « quant à la population qui nous intéresse, elle se compose de membres à part entière de la culture vernaculaire des rues, rejetés par le système scolaire »[1] et il va être ainsi amené à considérer ce qu'il appelle le « vernaculaire noir-américain », qui possède ses propres règles et présente un tel nombre de formes « non standard » qu'il est vain de vouloir les décrire en termes d'écarts par rapport à la

---

1. William Labov, *Le parler ordinaire,* t. 1, Paris, Ed. de Minuit, 1978, p. 114.

norme. Et ceci l'amènera à conclure que les difficultés d'apprentissage de l'anglais chez les jeunes Noirs sont le produit de conflits entre deux ensembles, leur « vernaculaire » et l'anglais standard. En fait, il ne s'agit pas pour lui de deux langues mais « d'un sous-système distinct au sein de la grammaire générale de l'anglais »[1] ou encore « un système distinct étroitement relié à l'anglais standard, mais néanmoins séparé des dialectes blancs qui l'entourent par un certain nombre de différences stables et systématiques »[2].

Concernant le but de l'enquête, les raisons de l'échec scolaire, les conclusions de Labov sont donc que « le principal responsable de l'échec de l'apprentissage de la lecture est bien le conflit culturel. L'environnement et les valeurs scolaires n'ont de toute évidence aucune influence sur des garçons solidement enracinés dans la culture des rues. En revanche ceux qui apprennent se composent pour une large part de garçons qui n'entrent pas dans cette culture, soit qu'ils la rejettent, soit qu'ils sont rejetés par elle »[3].

Il y a dans ce texte de Labov bien des aspects idéologiques critiquables. Par exemple, voulant sans doute prendre le contre-pied de Berstein et surtout de certains auteurs américains qui en avaient fait un usage quasiment raciste, il va tenter de montrer que, malgré les idées reçues, le parler des jeunes Noirs n'est pas moins structuré ou moins logique que celui des membres des classes aisées. Ainsi, lorsqu'il compare le discours d'un jeune homme de quinze ans, membre de la bande des Jets, Larry H., et celui d'un Noir diplômé universitaire, Charles M., pour en conclure que le second a beaucoup moins à dire que le premier mais qu'il le masque derrière une « verbosité » attrayante, il

---

1. *Ibid.*, t. 1, p. 107.
2. *Ibid.*, t. 1, p. 155.
3. *Ibid.*, t. 1, p. 173.

est victime à la fois de son idéologie et d'un artefact. Il est en effet tout à fait possible qu'un locuteur X..., parlant une forme linguistique châtiée, ait beaucoup moins de choses à dire ou soit moins intelligent qu'un locuteur Y... parlant une forme linguistique dévalorisée. Mais cela ne signifie nullement que la forme linguistique de Y... soit plus propice à l'expression des idées que celle de X... Labov confond ici la forme du discours et son contenu, il tombe dans un piège qu'il s'est lui-même tendu en adoptant une position systématiquement contraire à celle qu'il veut critiquer, et lorsqu'il écrit : « Les membres de la *working class* apparaissent par bien des aspects comme des locuteurs plus efficaces que beaucoup de membres de la *middle class* qui ergotent, délaient et se perdent dans une foule de détails sans importance »[1], il est tout simplement victime de son idéologie.

Par contre les retombées théoriques de son travail nous intéressent directement. On observe en effet dans ses différentes enquêtes dont nous avons rendu compte des mutations méthodologiques importantes :

— Alors que, dans ses enquêtes précédentes, il observait directement les productions linguistiques, allant par exemple dans les grands magasins enregistrer les productions verbales des employés, il utilise ici des observateur issus du milieu étudié, ce qui lui permet de contourner ce qu'il avait appelé le « paradoxe de l'observateur ».

— Alors que dans ses précédentes enquêtes il travaillait sur des échantillons de populations élaborés selon des critères sociologiques, il va étudier ici le langage de bandes d'adolescents de Harlem prises comme un tout (les Jets, les Cobras, les Thunderbirds, etc.).

— Alors que dans ses précédentes enquêtes il ne tra-

---

1. *Ibid.,* t. 1, p. 126.

vaillait que sur des variables sociolinguistiques (telle ou telle réalisation d'une diphtongue, absence ou présence du /r/ postvocalique, etc.), il se donne dorénavant pour objet d'étude la grammaire de la langue d'un groupe considéré comme parlant son vernaculaire propre.

— Alors que dans ses précédentes enquêtes il semblait se situer dans le cadre de la linguistique structurale (plus particulièrement de la phonologie praguoise), il semble maintenant, à travers ses ébauches de descriptions, se situer dans celui de la grammaire générative.

— Enfin, alors que dans ses précédentes enquêtes il était sans cesse à la recherche de croisements significatifs entre variables sociolinguistiques et paramètres sociaux, il travaille maintenant sur des groupes que l'on pourrait dire unifiés : une même classe d'âge, une même situation sociale...

Tout ceci, cependant, ne laisse pas de poser quelques questions. Que l'on parte en effet d'un groupe aléatoire (par exemple l'échantillon de population étudié à Martha's Vineyard) ou d'un groupe préconstitué (par exemple la bande des Cobras à Harlem) ne change pas grand-chose, sur le plan théorique, au lien que l'on établit entre langue et société. On entre dans le premier cas par le biais de la langue, et l'on structure la société de l'île à partir de variantes, on entre dans le second cas par le biais du groupe, et l'on structure une langue (un « vernaculaire ») à partir de ce groupe, mais dans les deux cas demeure une incomplétude théorique : Labov choisit l'une ou l'autre des entrées non pas, comme l'a écrit Pierre Encrevé, parce qu'il y aurait chez lui une évolution théorique profonde[1], mais parce que son terrain l'y amène, parce que les conditions

---

1. Présentation de *Sociolinguistique*.

concrètes des locuteurs observés l'y poussent, en un mot parce que cela l'arrange. Rien ne nous autorise d'ailleurs à le critiquer sur ce point. Mais il faut simplement souligner que, dans ces choix, le problème des relations entre variables linguistiques et variables sociales n'est pas pour autant résolu de façon générale : les solutions qu'apporte Labov sont, pourrait-on dire, contextuelles.

III. — **Variables linguistiques et variables sociales**

Il y a donc *variable linguistique* lorsque deux formes différentes permettent de dire « la même chose », c'est-à-dire lorsque deux signifiants ont le même signifié et que les différences qu'ils entretiennent ont une fonction autre, stylistique ou sociale. Dire par exemple en français les *toilettes,* les *lieux,* les *chiottes,* les *w.-c.* ou les *petits coins* manifeste bien évidemment une variable, mais le problème est alors de savoir à quelle *fonction* correspondent ces différentes *formes.* Et c'est là que commencent les difficultés...

En effet, on peut considérer que ces différents mots se répartissent dans leur usage sur une échelle de classes d'âges : les jeunes diraient *petits coins,* leurs parents *toilettes* et leurs grands-parents *lieux* par exemple. On peut aussi imaginer qu'ils se répartissent selon le sexe des locuteurs, les hommes disant plutôt *chiottes* et *w.-c.* et les femmes *toilettes* et *petits coins.* On peut encore imaginer qu'ils se répartissent selon une échelle sociale, les classes aisées utilisant plutôt *toilettes* et les classes défavorisées *petits coins,* etc. On aurait ainsi un usage contraint, et le fait d'utiliser tel ou tel mot indiquerait que le locuteur se trouve dans telle ou telle catégorie sociale (femme, jeune, classe aisée, etc.). Une description sociolinguistique consiste précisément à rechercher ce type de corrélations entre variantes linguistiques et catégories sociales en effectuant systématiquement des tris croisés et en interprétant les croisements significatifs. Mais il est aussi possible que, dans un milieu social donné, un locuteur utilise *chiotte* alors que les gens qui l'entourent utilisent et attendent que l'on utilise *lieux* ou *toilettes,* dans l'unique but de choquer, d'enfreindre la norme, de se révolter, etc. Dans un cas, l'utilisation de telle ou telle forme est inconsciente, non choisie, mais elle nous apprend quelque chose sur la catégorie sociale du locuteur, dans l'autre elle est consciente, volontaire, et elle nous dit quelque chose sur le comportement du locuteur qui utilise la langue pour agir.

Nous avons donc d'un côté un ensemble de variables linguistiques, toutes celles que l'analyse permet de repérer, et de l'autre un ensemble de variables sociales, toutes celles qu'une théorie sociologique permet d'isoler. Bien entendu chacun de ces ensembles est le produit d'une théorie, une théorie linguistique dans le premier cas, une théorie sociologique dans le second, et la multiplicité des théories complique le problème. Admettons cependant que cette hypothèque soit levée, que nous disposions pour une situation donnée d'une description de toutes les variables linguistiques et d'une liste de toutes les variables sociales. Notre problème est alors de savoir quelles sont les relations entre ces deux ensembles. Le cas le plus simple est bien sûr celui dans lequel un élément du premier ensemble (l'utilisation de telle ou telle variante phonétique par exemple) permettrait de situer son utilisateur en un point du deuxième ensemble. A Martha's Vineyard par exemple, la centralisation des diphtongues permettrait de savoir que le locuteur a une attitude favorable par rapport à l'île. Il faut alors se demander si cette implication est réciproque, si tous les locuteurs qui ont une attitude favorable par rapport à l'île centralisent les diphtongues, et si l'analyse apporte à cette question une réponse positive, conclure qu'entre l'ensemble des variables linguistiques et celui des variables sociales il y a une relation biunivoque. Au bout du compte, en passant ainsi les listes des variables linguistiques au filtre de celle des variables sociales, et vice et versa, on *pourrait* peut-être déboucher sur la conclusion que nous avons là deux ensembles liés par une série de relations biunivoques.

Passons sur l'aspect quelque peu mécaniste de cette vision, car la question est ailleurs, elle est de savoir ce que nous faisons dans cette approche : partons-nous d'une analyse de la langue qui nous dit quelque chose de la société, partons-nous d'une analyse de la société qui nous permet de comprendre la langue, ou encore est-il possible de prendre en compte ces deux éléments dans la même analyse ? En d'autres termes, est-il possible de réaliser le programme de Pierre Bourdieu pour qui « une sociologie structurale de la langue, instruite de Saussure mais construite contre l'abstraction qu'il opère, doit se donner pour objet *la relation qui unit des systèmes structurés de différences linguistiques sociologiquement pertinentes et des systèmes également structurés de différences sociales* »[1] ?

IV. — **Les marchés linguistiques**

En effet, un début de réponse à ces interrogations a été apporté par le sociologue Pierre Bourdieu. Il part de la constatation que la linguistique postsaussurienne s'est construite sur le refoulement du caractère social de la langue, et que « les linguistes n'ont d'autre choix que de chercher désespérément dans la langue ce qui est inscrit dans les relations sociales où elle fonctionne, ou de faire de la sociologie sans le savoir »[2]. Or, dit-il,

---

1. Pierre Bourdieu, *Ce que parler veut dire,* Paris, Fayard, 1990, p. 41.
2. *Ibid.,* p. 15.

le discours n'est pas seulement un message, c'est aussi un produit. Le texte de couverture du livre, qu'il signe de ses initiales, est remarquable en ce qu'il aligne un certain nombre de métaphores économiques : « Le discours n'est pas seulement un message destiné à être déchiffré ; c'est aussi un *produit* que nous *livrons* à l'appréciation des autres et dont la *valeur* se définira dans sa relation avec d'autres *produits* plus rares ou plus communs. L'effet du *marché* linguistique (...) ne cesse de s'exercer jusque dans les *échanges* les plus ordinaires de l'existence quotidienne (...) Instrument de communication, la langue est aussi *signe extérieur de richesse*... » (C'est moi qui souligne.) Son idée est que la linguistique a tendance à incorporer à la théorie un objet préconstruit, la langue, dont elle oublie l'histoire sociale qui la façonne. Or cet objet préconstruit correspond en fait à une définition officielle, celle de la langue de l'Etat, fruit d'une unité politique : « La langue officielle a partie liée avec l'Etat. Et cela tant dans sa genèse que dans ses usages sociaux. »[1] Or, pour qu'une langue parmi d'autres s'impose comme *la* langue légitime il faut un marché linguistique unifié, sur lequel la valeur des différentes autres langues et des dialectes (sociaux ou régionaux) se mesure en comparaison de la langue dominante.

Tout cela le mène à forcer encore le trait de la métaphore économique : « L'échange linguistique est aussi un échange économique, qui s'établit dans un certain rapport de forces symbolique entre un producteur, pourvu d'un certain capital linguistique, et un consommateur (ou un marché), et qui est propre à procurer un certain profit matériel ou symbolique. »[2] Ce qui signifie pour lui qu'au-delà de la simple communication de sens, les discours sont des signes de richesse et des

---

1. *Ibid.*, p. 27.
2. *Ibid.*, p. 59-60.

signes d'autorité, ils sont émis pour être évalués et obéis, et que la structure sociale est présente dans le discours.

Dès lors peuvent se développer différentes stratégies, et plus un locuteur possède de « capital linguistique » (capital essentiellement symbolique, en ce sens son pouvoir doit être reconnu par le groupe), plus il est libre de jouer sur le marché, utilisant par exemple ce que Bourdieu appelle des « stratégies de condescendance » (« nous sommes entre nous », « je parle comme vous ») qui relèvent de la manipulation.

Ce n'est pas la première fois que l'on essaie d'appliquer une grille économique sur l'analyse linguistique. Ferrucio Rossi-Landi en particulier, dans un ouvrage au titre évocateur *(Le langage comme langage et comme marché),* partait de l'idée qu'il manquait à Saussure une théorie du travail linguistique et entreprenait de la lui fournir en s'inspirant de Marx. Son point de départ était que la *valeur* saussurienne devait être réexaminée à la lumière de la distinction marxiste entre *valeur d'usage et valeur d'échange*, et sa construction était belle comme un cercle vicieux : les signes sont les *produits* du *travail* linguistique, la langue est un *moyen d'échange* universel comme la monnaie était pour Marx *l'équivalent général*, elle constitue le *capital constant* du travail linguistique dont le *capital variable* est la force de travail des locuteurs et les messages sont des *unités de valeur d'usage et de valeur d'échange*. Tout ceci le menait à écrire qu' « une communauté linguistique se présente comme une sorte d'immense marché, dans lequel les mots, les expressions et les messages circulent comme des marchandises »[1], formule qui n'est pas sans rappeler celles qu'utilisera plus tard Bourdieu.

Mais tout son édifice était essentiellement analo-

---

1. Ferruccio Rossi-Landi, *Il linguaggio come lavoro e come mercato*, Milan, 1968, p. 83.

gique, consistant à projeter l'analyse marxiste sur la langue et sur la communication, alors que Bourdieu, avec peut-être l'avantage de ne pas être linguiste, part d'un autre point de vue : réfléchir sur les effets sociaux des discours, ce qui rend son intervention beaucoup plus intéressante.

Mais il demeure qu'intervenant en tant que sociologue, il ne fournit pas aux linguistes (auxquels il reproche de considérer la langue comme un objet préconstruit) sa définition de la société, qui apparaît dès lors elle-même comme un objet préconstruit. Tout laisse en effet à penser que le *marché linguistique* de Bourdieu est délimité pour lui par les frontières de l'Etat, entre lesquelles les pratiques linguistiques sont confrontées aux pratiques légitimes, ou, ce qui revient au même, qu'il est délimité par l'existence d'une langue légitime, la langue dominante. Or, d'une part, la légitimité d'une langue ne se limite pas à des frontières étatiques (que l'on songe au français en France, en Suisse, en Belgique...) et surtout, d'autre part, la société n'est pas seulement stratifiée par référence à la langue légitime, elle est aussi plurilingue, et si marché linguistique il y a, celui-ci ne peut être que pluriel, ce qui pose le problème de la définition d'une communauté linguistique. Nous y reviendrons au point 6 de ce chapitre.

V. — **Variations diastratiques, diatopiques et diachroniques : l'exemple de l'argot**

Nous avons en introduction de ce chapitre distingué entre *variables géographiques* (la since, la serpillière et la panosse par exemple) et *variables sociales*. Mais cette distinction est fragile, car les attitudes et les sentiments linguistiques (voir chapitre précédent) font que des caractéristiques régionales peuvent être perçues socialement. Ces faits n'entrent qu'imparfaitement dans le cadre du marché linguistique de Bourdieu. Prenons l'exemple d'une activité simple et quotidienne qui consiste à tourner la salade avec des couverts prévus à cet effet afin de la mélanger avec la sauce. On peut, en français, la *mélanger,* la *touiller,* la *fatiguer,* la *tourner,* la *brasser,* la *remuer,* etc. Toutes ces formes sont régionales : on remue ou on retourne à Paris, on fatigue ou on tourne dans le sud-est de la France, on mélange dans le nord, on brasse en Saintonge, etc.[1]. Et le fait qu'un locuteur du français venant de Marseille dise *fatiguer la salade* à Paris peut être considéré comme la marque de son origine géographique. Mais la phrase précédente peut avoir deux sens : le locuteur peut inconsciemment signaler son origine et il peut volontairement, face à l'usage parisien dominant, conserver (par fidélité, par défi) son usage régional. En outre, se signalant ainsi comme Marseillais, il s'offre éventuellement au jugement ou à la critique de ceux qui peuvent considérer les Marseillais de façon péjorative, et il se rapproche d'autres locuteurs ayant le même usage. Et ce double mouvement, créer une solidarité d'une part et s'offrir au jugement d'autre part, passe bien sûr aussi bien par des faits phonétiques que par des faits syntaxiques ou lexicaux. Il arrive également que l'usage de formes anciennes joue le même rôle : on peut utiliser des formes linguistiques désuètes *(Plaît-il ?, J'ai souvenance)* par jeu, par provocation ou parce qu'on n'en connaît pas d'autres, et l'on peut aussi utiliser des formes anciennes pour affirmer une position politique (par exemple les caractères chinois classiques face aux caractères simplifiés en Chine populaire).

Nous avons donc ici trois paramètres : un paramètre social, un paramètre géographique et un paramètre historique, et la langue connaît des variations dans ces trois

1. Henriette Walter, *Le français dans tous les sens,* Paris, Laffont, 1988, p. 167.

axes : variations diastratiques (corrélées aux groupes sociaux), variations diatopiques (corrélées aux lieux) et variations diachroniques (corrélées aux classes d'âge). Nous allons en prendre un exemple, celui de pratiques linguistiques que l'on couvre d'un nom générique, l'argot. Bourdieu, dans une note rapide, indique qu'à son sens « la seule affirmation d'une véritable contre-légitimité en matière de langue est l'argot ; mais il s'agit d'une langue de chefs »[1]. Mais il tombe ici, curieusement, dans le travers qu'il reproche aux linguistes, incorporant à sa théorie un objet préconstruit en considérant tout simplement que l'argot existe comme forme à la fois séparée et unifiée. Or il n'y a aucune raison linguistique de considérer l'argot comme une forme séparée de la langue : tous les corpus argotiques nous montrent que ces formes diffèrent essentiellement de la langue standard par leur lexique, et ces différences lexicales reposent sur des principes productifs qui sont strictement ceux de la langue. Pierre Guiraud a montré, dans ses travaux sur les structures étymologiques du lexique français, l'existence de matrices sémantiques productives qui permettent de dériver à partir d'une métaphore initiale toute une série de signes linguistiques[2]. Il est par exemple une image forte qui associe l'*argent* au *pain* et plus généralement à la *nourriture* que l'on peut acheter grâce à lui, et cette matrice nous permet de comprendre toute une série de formes linguistiques. On a longtemps, en France, *gagné son pain* avant que les progrès sociaux fassent qu'aujourd'hui on *gagne son bifteck* : dans les deux cas l'argent gagné sert à se nourrir. De la même façon, le mot *salaire* (latin *salarium*) vient-il de *sal* (« sel ») parce que les soldats romains étaient payés en sel, et le mot *denrée* à l'inverse vient-il du *denier* (la quantité

---

1. *Ibid.*, p. 67.
2. P. Guiraud, *Les structures étymologiques du lexique français,* Paris, Payot, 1986.

d'aliments que l'on peut acheter avec un denier). On retrouve le même principe de production dans le vocabulaire argotique où l'argent est du *blé,* de la *galette,* de l'*oseille,* du *pognon* (nom d'une galette dans le Sud-Est), de l'*avoine,* du *grisbi* (pain gris et bis), de la *douille* (gâteau rond en Normandie), du *fric* (fricot), etc.

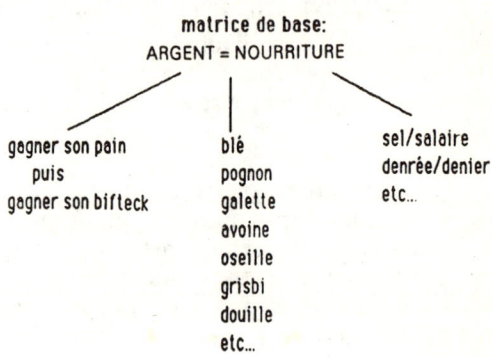

On voit donc que la matrice de base *argent = nourriture* n'est pas limitée au vocabulaire argotique (elle n'est d'ailleurs pas limitée non plus au français, l'argent se dit *grano,* « grain », en argot italien, et *bread,* « pain », ou *dough,* « pâte à pain », en argot anglais). Ce qu'on appelle argot est en fait un ensemble de pratiques, dans le cadre de la langue française, caractérisées par :

— quelques traits syntaxiques, par exemple l'utilisation intransitive de verbes normalement transitifs : *ça craint* pour dire que quelque chose est ridicule ou sans intérêt ;
— quelques traits phonétiques, par exemple la prononciation qu'affectent aujourd'hui les jeunes Beurs ;
— un ensemble lexical produit soit par application

des règles du type de celle que nous venons de décrire, soit par application de règles de transformations, comme dans le *verlan*.

Il faut en fait concevoir que tous les locuteurs, même lorsqu'ils se croient monolingues (qu'ils ne connaissent pas de « langues étrangères »), sont toujours plus ou moins plurilingues, possédant un éventail de compétences qui s'étalent entre des formes vernaculaires et des formes véhiculaires[1], mais dans le cadre d'un même ensemble de règles linguistiques. Chacune de ces formes correspond à une fonction sociale particulière et les variations que l'on y trouve relèvent à la fois du diatopique (ainsi l'utilisation d'une forme locale peut répondre à une fonction grégaire, la volonté de connivence régionale), du diastratique (les premières enquêtes de Labov sont sur ce point éclairantes) et du diachronique (l'argot des adolescents répond en partie à une volonté de connivence au sein de la classe d'âge).

Mais ces variations ne sont pas seulement linguistiques, elles ont en même temps une pertinence sociale et participent d'une certaine « culture ». Ainsi, les bandes de jeunes adolescents qui défraient la chronique depuis le début des années 90 dans les banlieues parisiennes, lyonnaises et marseillaises sont-elles caractérisées à la fois par une classe d'âge, une situation sociale (milieux défavorisés, échec scolaire), une origine ethnique (principalement des « Blacks » et des « Beurs ») et surtout par la recherche d'une culture « intersticielle » (le terme est emprunté à l'école de Chicago) se traduisant par leur façon de parler bien sûr, mais aussi par leur façon de s'habiller, par leurs productions musicales (le rap, le raggamuffin) et graphiques (les tags, les compositions murales), etc.

---

1. Louis-Jean Calvet, *La guerre des langues,* Paris, Payot, 1987, p. 79-82.

On voit donc où se trouve la pertinence de ces différentes variations, à travers le temps, l'espace ou les strates sociales : elles définissent des groupes, et ceci pose le problème de ce qu'on a appelé une *communauté linguistique*.

VI. — **Communauté linguistique ou communauté sociale ?**

La notion de *communauté linguistique* est presque aussi vieille que la linguistique, mais les différents linguistes lui ont donné des définitions variées. Pour Leonard Bloomfield : « Une communauté linguistique est un groupe de gens qui agit au moyen du discours »[1], mais il écrivait quelques pages plus loin que : « Les membres d'une communauté linguistique peuvent parler d'une façon si semblable que chacun peut comprendre l'autre ou peuvent se différencier au point que des personnes de régions voisines peuvent ne pas arriver à se comprendre les unes les autres »[2], affirmant donc que des membres d'une même communauté pouvaient ne pas se comprendre entre eux, ce qui peut sembler paradoxal. André Martinet pour sa part, voulant définir la communauté linguistique, écrit : « Qu'il y a langue dès que la communication s'établit (...) et qu'on a affaire à une seule et même langue tant que la communication est effectivement assurée. »[3] Dans les deux cas, on voit que c'est la langue qui préside à la définition, et non pas la communauté. Nous avons vu plus haut que William Labov considérait la communauté linguistique non pas « comme un ensemble de locuteurs employant les mêmes formes » mais comme « un groupe qui partage les mêmes normes quant à la

---

1. Leonard Bloomfield, *Le Langage,* Paris, Payot, 1970, p. 44.
2. *Ibid.,* p. 54.
3. André Martinet, *Eléments de linguistique générale,* Paris, Armand Colin, 1964, p. 148.

langue » ou encore « comme étant un groupe de locuteurs qui ont en commun un ensemble d'attitudes sociales envers la langue »[1]. Ajoutons-y Charles Ferguson qui, traitant de la diglossie, définit la communauté linguistique de façon implicite : « Dans beaucoup de communautés linguistiques, deux ou plusieurs variétés de la même langue sont utilisées par certains locuteurs dans des conditions différentes. »[2]

Dans tous les cas, la démarche est la même : on part de la langue (sans toujours la définir) pour définir le groupe. Mais cet ensemble de définitions laisse dans l'ombre un certain nombre de points.

1) Tout d'abord, faut-il considérer qu'*une communauté linguistique est constituée par des gens qui ont la même première langue ?* La chose n'est pas très claire dans le texte de Bloomfield ou de Martinet, tandis que Labov pour sa part fait référence aux « native New Yorkers » dont on peut supposer qu'ils ont l'anglais pour première langue (ses travaux portent d'ailleurs exclusivement sur cette langue) et que Ferguson conçoit la communauté comme le lieu où coexistent la langue standard et l'un de ses dialectes. Si l'on répond oui à cette question, une des retombées de cette définition serait que, à part quelques cas statistiquement marginaux (les bilingues précoces), un individu ne peut appartenir qu'à une seule communauté linguistique. Mais cela poserait alors quelques problèmes. Lorsque Labov par exemple travaille sur la communauté linguistique new-yorkaise, il restreint son champ d'étude à la partie des habitants de la ville nés à New York et ayant l'anglais pour première langue, c'est-à-dire qu'il exclut environ un tiers de la communauté (il y a à New York 30 % d'étrangers) : le critère linguistique restreint alors le groupe social.

---

1. *Sociolinguistique*, p. 338.
2. C. A. Ferguson, Diglossia, *Word,* vol. 15, 1959, cité ici dans P. Giglioli, *Language and Social Context,* p. 232.

2) Il est une autre possibilité : *Une communauté linguistique pourrait être constituée par des gens qui se comprennent grâce à une même langue.* Un individu pourrait alors appartenir à différentes communautés linguistiques, pour peu qu'il manie plusieurs langues, et les étrangers de New York appartiendraient à la communauté linguistique new-yorkaise anglophone dans la mesure où ils parlent anglais en même temps qu'ils appartiendraient à la communauté sinophone, hispanophone ou créolophone selon leur première langue, et éventuellement à une troisième communauté s'ils manient et utilisent fréquemment une autre langue...

3) Mais, dès lors que l'on peut appartenir à plusieurs communautés linguistiques, se pose le problème de savoir qui décide de cette appartenance (en dehors bien sûr de la communauté déterminée par la langue maternelle) : *Une communauté linguistique peut-elle être constituée par des gens qui pensent ou veulent appartenir à cette communauté ?* Dans ce cas l'appartenance serait un acte volontaire qui engendrerait chez l'individu des comportements d'adaptation à la communauté choisie, d'insertion dans ses réseaux et ses stratégies.

En fait les choses ne sont ni si tranchées ni si simples. Prenons le cas d'un citoyen sénégalais, originaire de la région du fleuve, à la frontière mauritanienne, et vivant à Dakar. A quelle communauté appartient-il lorsque l'on sait que sa langue maternelle est le peul, sa langue véhiculaire le wolof et la langue officielle de son pays le français ? Selon que l'on aura adopté la solution 1, 2 ou 3, on aura bien sûr des réponses différentes, mais il demeure que sa réalité est trilingue et que, selon les moments de sa vie quotidienne, les situations de communication, il va s'insérer dans l'une ou l'autre de ces communautés : il participera de la communauté linguistique peule en famille, de la communauté wolofe dans la rue et de la communauté francophone au bureau. Or, accepter cet éclatement revient à centrer l'analyse sur l'individu et non pas sur la société, ce qui est paradoxal pour une approche *socio*linguistique, en même temps qu'à structurer cet individu en groupes du point de vue de la (ou des) langue(s) qu'il connaît ou utilise. C'est parce que la sociolinguistique est partie de l'idée que la langue reflète la société qu'elle s'est enfermée dans ce genre de définitions. Mais comment *la* langue, *une* langue, pourrait-elle refléter la société lorsque celle-ci est plurilingue ?

La seule façon de sortir de ces paradoxes est de *sortir de la langue* et de partir de la réalité sociale. Car, en définissant le groupe par la langue, on entre dans un processus tautologique qui ne peut que masquer à l'analyse la multiplicité des rapports linguistiques, les imbrications de codes, c'est-à-dire la chair même de la communication sociale : la communauté linguistique new-yorkaise de Labov est bien entendu un artefact. Il est en effet possible qu'un individu appartienne à la fois à la communauté des locuteurs d'une langue véhiculaire (dans le cas sénégalais ci-dessus le wolof, ailleurs le swahili, le malais, le bambara, etc.), à la communauté des locuteurs d'une « langue ethnique » (ici le peul, ailleurs le kikuyu, le javanais, le dogon, etc.) et enfin à la communauté des gens vivant dans un pays dont la langue officielle est le français, l'anglais ou le portugais... De la même façon, il est possible qu'un Parisien appartienne à la fois à la communauté des locuteurs du français et à celle des locuteurs de l'arabe, qu'un Berlinois appartienne à la fois à la communauté des locuteurs de l'allemand et à celle des locuteurs du turc... Dans de telles situations, il est sans intérêt de se demander si notre individu de langue maternelle peule, parlant le wolof sur le marché, ayant étudié et travaillant en français, appartient à la communauté francophone, peule ou wolofe : il appartient à la réalité sociale sénégalaise, qui se caractérise entre autres choses par sa situation linguistique, comme le turcophone de Berlin appartient à la communauté berlinoise, l'arabophone de Paris à la communauté parisienne.

Ce problème est central car les linguistes, lorsqu'ils veulent définir une communauté linguistique, ne retiennent de ce syntagme que le deuxième terme, l'adjectif, comme si dans *communauté linguistique* il n'y avait que *langue,* oubliant qu'il y a aussi *communauté.* Ainsi, dans les extraits cités plus haut, le problème de Martinet, quoi qu'il en paraisse, n'est pas de définir la *communauté linguistique* mais bien la *langue* : il se demande à partir de quand on peut dire qu'une forme et une autre n'appartiennent plus à la même langue et répond : lorsqu'on ne se comprend plus. Mais il est bien entendu ici prisonnier de sa définition de la langue comme instrument de communication, définition extrêmement limitative et qui pousse à confondre *code* et *communication* : un code est sans doute nécessaire à la communication, mais il n'y a pas de code linguistique hors de son usage social.

La seule façon d'aller jusqu'au bout de la conception de la langue comme fait social n'est donc pas de se demander quels sont les effets de la société sur la langue, ou de la langue sur la société, ce qui une fois de plus consiste à poser le problème sociolinguistique en aval du problème linguistique, comme un problème différent, successif ou ultérieur. Il s'agit au contraire de dire que *l'objet d'étude de la linguistique n'est pas seulement la langue ou les langues mais la communauté sociale sous son aspect linguistique.* De cette façon, les différentes approches que tour à tour les variantes de la sociolinguistiques ont tentées peuvent se hiérarchiser de façon logique.

En effet, dans un groupe social, il y a bien entendu des locuteurs, des codes, des variétés de ces codes, des rapports des locuteurs à ces codes et des situations de communications. La tâche du linguiste est donc de décrire chacun de ces éléments ainsi que leurs rapports mutuels :

1 / Décrire les codes en présence (c'est en gros ce que font les différentes linguistiques), mais en prenant en compte la dimension diachronique, l'histoire de ces codes et des gens qui les utilisent (ce que ne font pas toutes les linguistiques) ;
2 / Structurer la communauté en fonction de ces codes, c'est-à-dire décrire les sous-groupes selon les langues qu'ils parlent, les lieux où ils les parlent, avec qui ils les parlent, pourquoi ils les parlent, etc., décrire aussi les réseaux de communication, les comportements, les attitudes... ;
3 / Décrire les variations dans l'usage des codes en fonction des diverses variables sociales (sexe, catégories sociales, âge, etc.) ;
4 / Décrire les effets sur les codes eux-mêmes de cette coexistence : emprunts, interférences, etc. ;
5 / Décrire les effets sur les codes de la situation sociale : c'est le problème des rapports entre forme et fonction.

Et chacune de ces problématiques est *à la fois* linguistique et sociologique.

Chapitre V

SOCIOLINGUISTIQUE OU SOCIOLOGIE DU LANGAGE ?

Nous avons vu dans les chapitres précédents que l'interrogation sur les liens entre langue et société était aussi bien venue de linguistes, comme Meillet, que de sociologues, comme Bourdieu, et que nous avions sans cesse un va-et-vient entre deux démarches symétriques : interroger la société à l'aide de la langue ou interroger la langue à l'aide de la société. En même temps, nous allons voir que la sociolinguistique distingue entre deux types d'approche, une approche *microsociolinguistique* et une approche *macrosociolinguistique*. Nous essaierons dans ce chapitre de montrer que ces différentes distinctions ne sont pas recevables et que ces approches souvent opposées sont en fait complémentaires.

I. — L'approche micro

La différence entre microsociolinguistique et macrosociolinguistique, couramment utilisée, ne peut pas, en fait, être posée de façon aussi binaire. L'analyse de la communication dans une famille par exemple semble évidemment plus « macro » que celle de l'idiolecte d'un locuteur et plus micro que celle d'un quartier ou d'une ville, qui à son tour est plus « micro » que l'analyse de la situation linguistique d'une région ou d'un pays. C'est ici le problème de la taille de la communauté linguistique et sociologique étudiée qui est posé, mais il demeure que si, entre l'analyse d'une conversation et celle d'une ville par exemple, il y a une échelle continue qui va de l'attention portée au détail à l'attention portée aux ensembles, ces deux approches sont toujours liées. D'un certain point de vue, cette échelle est isomorphe à celle qui irait de la « sociolinguistique » à la « sociologie du langage » telles que nous les définirons plus loin, et il en va de même pour cette distinction : nous verrons que la première approche est inséparable de la seconde.

Nous allons présenter brièvement deux exemples de micro-analyses.

Voici une interaction très brève entre un étudiant noir de l'Université de Berkeley et son professeur à la fin d'un séminaire. L'étudiant s'approche de l'enseignant, qui allait quitter la salle accompagné d'étudiants blancs et noirs, et lui dit : « Could I talk to you for a minute ? I'm gonna apply for a fellowship and I was wondering if I could get a recommendation ? » (Puis-je vous parler une minute ? Je vais faire une demande de bourse et je me demandais si je pouvais avoir une lettre de recommandation.)

Le professeur répond alors : « OK. Come along to the office and tell me what you want to do. » (D'accord. Suivez-moi au bureau et dites-moi ce que vous voulez faire.)

Et l'étudiant, se joignant au groupe, dit aux autres étudiants : « Ahma git me a gig. »[1] (J'vais me dégoter un job.)

Il s'agit là d'une conversation extrêmement courte, entre un enseignant et un étudiant en présence d'autres étudiants, que nous pourrions ramener, du point de vue du contenu, à peu de choses :

1 / L'étudiant au professeur : J'ai besoin d'une lettre de recommandation.

---

1. John Gumperz, *Discourse Strategies,* Cambridge University Press, 1982, p. 30.

2 / Le professeur à l'étudiant : D'accord, venez avec moi.
3 / L'étudiant aux autres étudiants : Ça va marcher.

Mais la troisième réplique présente, par rapport aux deux premières, des différences linguistiques intéressantes. Dans cette dernière phrase en effet, on assiste à une série de transformations phonétiques (*I am going to* devient *ahma, get* devient *git*) caractéristiques du parler des Noirs américains, ainsi qu'à l'utilisation du mot *gig,* qui dans l'argot des musiciens a le sens de « engagement temporaire », « cacheton », mais chez les Noirs a pris le sens plus large de « job », « travail ». John Gumperz note que « le locuteur doit donc être décrit comme un locuteur du *black english* qui domine une gamme allant du dialecte des Noirs à l'anglais standard »[1]. Et ce passage d'un discours formel (à destination du professeur) à un discours informel (à destinations des pairs) ne nous dit pas grand-chose de plus. Par contre, en faisant ensuite écouter à un panel d'étudiants l'enregistrement de ce passage, Gumperz obtint les évaluations suivantes :

— un premier groupe, essentiellement formé de gens ayant peu de contacts avec les Noirs, déclara ne pas comprendre des formes comme *ahma* ou *gig* et être donc incapable de donner son avis ;
— un deuxième groupe vit dans le passage au *black english* une forme de rejet de l'enseignant blanc et de la structure académique dans son ensemble ;
— un troisième groupe vit dans ce passage une stratégie du locuteur pour indiquer qu'il ne s'adressait qu'aux Noirs de l'assistance ;
— enfin un dernier groupe, composé de Noirs et d'un Blanc qui avait beaucoup fréquenté les Noirs, pensa que l'étudiant voulait se justifier auprès de

1. *Ibid.,* p. 31.

ses pairs : « Je joue le jeu que nous devons jouer dans ce monde dominé par les Blancs. » Les membres de ce groupe ajoutèrent que les formes utilisées ici ne le sont normalement pas par des Noirs diplômés qui ont un langage à mi-chemin entre l'anglais standard et le *black english*. En outre, l'intonation utilisée dans cette réplique (*singsong* : psalmodie, mélopée) leur laissait penser qu'il s'agissait d'une sorte d'imitation emphatique d'une façon typiquement noire de s'exprimer.

Ce qui est sûr, note Gumperz, c'est que toutes ces interprétations se fondaient sur une perception de signes linguistiques, et que le locuteur, pour faire passer son message, jouait sur un ensemble de traditions culturelles spécifiques aux Noirs, disant en quelque sorte : « Si vous pouvez décoder ce que je veux dire c'est que vous partagez mes traditions et dans ce cas vous comprendrez pourquoi je me conduis de cette façon. »[1] Ainsi, dans une interaction aussi courte que celle-ci, nous voyons poindre tout un arrière-plan constitué à la fois par les différences linguistiques entre Blancs et Noirs, par le jeu sur ces différences, par la façon dont les Noirs perçoivent ceux des leurs qui tentent d'obtenir des faveurs des Blancs, c'est-à-dire de façon plus générale par la situation sociale des Etats-Unis.

Prenons maintenant l'exemple[2] d'une famille sénégalaise originaire de Saint-Louis et vivant dans la capitale, à Dakar. Le père, médecin, impose l'usage du français à la maison, langue que parle la mère, deux fils (14 ans et 12 ans), un cousin (12 ans) vivant dans le foyer et une fille (10 ans). Par contre le dernier fils (7 ans) ne parle

---

1. *Ibid.*, p. 36.
2. Tiré de Louis-Jean Calvet et Martine Dreyfus, La famille dans l'espace urbain : trois modèles de plurilinguisme, in *Plurilinguismes*, n° 3, Paris, 1992.

que le wolof. En présence du père, la communication familiale se présente donc comme le montre le schéma suivant : le père parle français à tout le monde et tout le monde lui répond en français sauf le plus jeune fils qui comprend le français mais répond en wolof.

Interactions en français

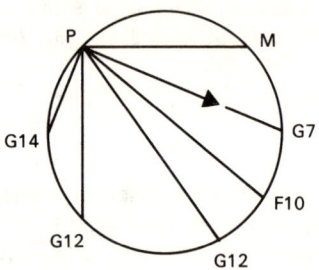

Lorsque le père est absent, la mère utilise un mélange de français et de wolof avec tous les enfants, sauf le plus jeune :

Interactions en français/wolof

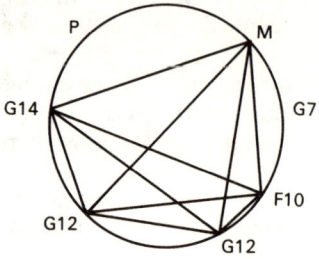

Par contre tout le monde communique en wolof avec le jeune frère, sauf le père qui lui parle en français et auquel il répond en wolof :

Interactions en wolof

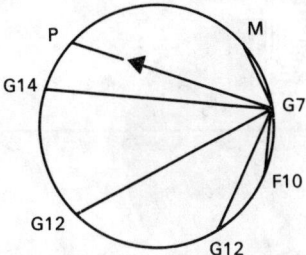

Cette organisation des réseaux de communications dans une famille n'est pas chose rare dans un pays comme le Sénégal. Ailleurs le père imposera en famille sa langue (le peul, le sereer, le manding, etc.) ou interdira le wolof ou le français... Mais il est impossible d'analyser un tel corpus sans le resituer dans le cadre d'un pays néo-colonial, dont la langue officielle est le français, la langue dominante et véhiculaire le wolof et dans lequel on parle une vingtaine de langues différentes : tout ce qui se passe entre les membres de notre famille est étroitement déterminé par cette situation plus générale.

II. — L'approche macro

Nous allons maintenant prendre un exemple d'enquête sociolinguistique portant une communauté beaucoup plus large : « le marché Escale » à Ziguinchor.

Ziguinchor est une ville du sud du Sénégal, en Casamance, dans laquelle coexistent plusieurs ethnies et plusieurs langues. Ainsi, sur le petit marché dont nous allons traiter, les marchands avaient plus de dix langues maternelles différentes. Le tableau suivant, fondé sur des interviews de tous les marchands réalisées par nous-même, présente la répartition statistique des principales de ces langues.

Nombre de marchands par langue première déclarée

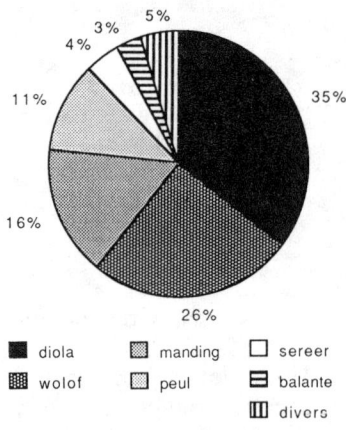

On y voit que le diola (35 %) domine largement, suivi du wolof (26 %), puis du manding et du peul. Mais ces langues n'ont pas le même statut : le diola est la langue dominante dans la ville comme langue d'origine, le peul et le manding sont des langues de la région, des langues de Casamance, tandis que le wolof est une langue du nord du pays, qui s'étend lentement en fonction de langue véhiculaire, apportée sur le marché par des Wolof commerçants, venus ici pour fuir la sécheresse, et qui ont une puissance économique supérieure à celle de leurs concurrents locaux. On pourrait croire que ces précisions n'ont aucune importance : d'un point de vue synchronique le marché est constitué par cette pluralité. Mais nous allons voir que la façon dont s'est constituée cette communauté linguistique a des retombées importantes sur les comportements.

Si nous considérons maintenant le degré de plurilinguisme de ces marchands, le nombre de langues qu'ils déclarent parler (y compris leur première langue), nous obtenons les chiffres suivants :

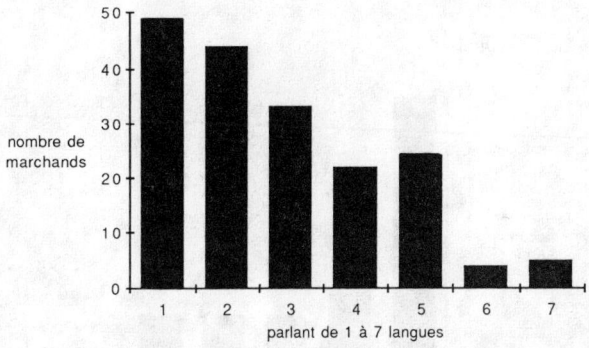

Marché escale

Ces chiffres concernent l'ensemble de la population constituée par les marchands : nous y voyons une lente décroissance allant des marchands parlant une seule langue à ceux qui déclarent en parler sept. Mais si nous croisons ces données (le plurilinguisme des marchands) avec leur première langue, nous obtenons des résultats très contrastés. Voici le résultat de ce croisement pour les quatre principales langues présentes sur le marché :

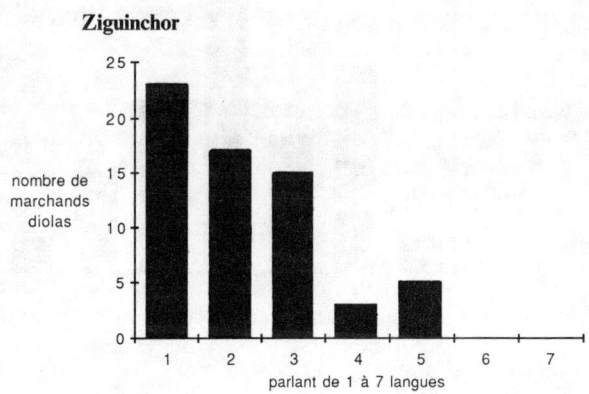

Ziguinchor

Zig 4

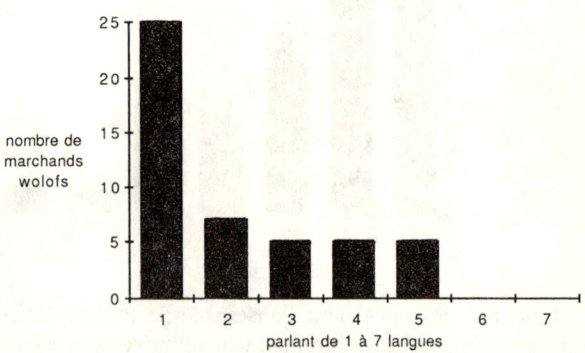

Zig 5

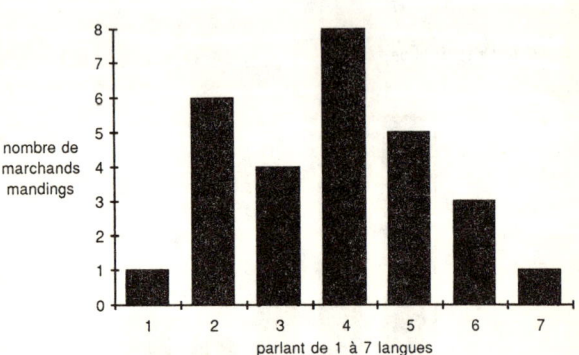

Zig 6

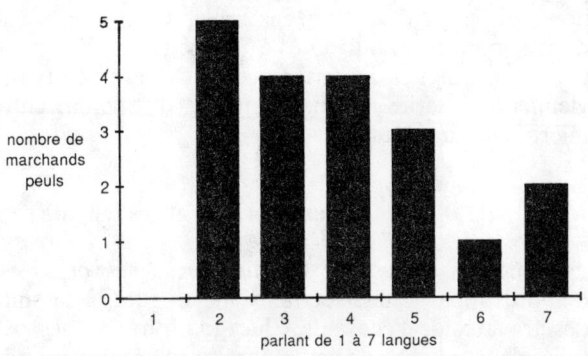

Nous voyons alors que la répartition du plurilinguisme n'est pas du tout la même selon la première langue des marchands : plus de 50 % des Wolofs sont monolingues (ils ne parlent que leur langue), aucun Peul n'est monolingue, près de 30 % des Mandings sont quadrilingues et à peine 36 % des Diolas peuvent, chez eux, se contenter de leur langue pour travailler sur le marché. Cette organisation *linguistique* du marché a-t-elle seulement une pertinence linguistique ou plus largement une pertinence sociale ? Elle est en fait incompréhensible sans que nous donnions des précisions sur le statut des langues et de leurs locuteurs. Le wolof est ici une langue qui gagne chaque jour du terrain et à laquelle le diola a du mal à résister, l'ethnie wolofe, la plus nombreuse au Sénégal, occupe le pouvoir politique et économique. Quant aux Peuls, leur langue n'est pratiquement jamais parlée par d'autres que par eux et ils sont partout obligés d'acquérir une langue véhiculaire.

Ainsi, de la même façon que l'approche microsociolinguistique d'une courte conversation entre un étudiant noir américain et son professeur blanc nous parlait de la situation sociale des Etats-Unis, l'approche macrosociolinguistique d'un marché sénégalais nous parle des rapports entre les ethnies en présence, et donc du pays dans son ensemble. C'est-à-dire que nous sommes ici confrontés à une série de réseaux de communication et d'interférences entre ces réseaux qui viennent s'inscrire en faux contre la distinction entre micro- et macro-analyse.

III. — **Les réseaux sociaux et les langues**

La notion de *réseaux sociaux (social networks)* est d'abord apparue chez certains sociologues, à la suite des travaux de l'école de Chicago. John Barnes par exemple, étudiant une petite paroisse de pêcheurs et de paysans, Bremnes (en Norvège), y voyait trois champs sociaux différents :

— un système territorial (les maisons, le quartier, la paroisse) ;
— un système fondé sur l'industrie de la pêche (les bateaux, leur équipage, les coopératives, les usines d'huile de hareng) ;
— un système de relations avec les parents, les amis, les connaissances.

Il présentait ces champs comme un ensemble de points reliés par des lignes, chaque point représentant une personne ou un groupe, et les lignes indiquant les interactions entre ces personnes ou ces groupes[1].

Puis le concept de *social network* va être utilisé par d'autres sociologues, Elizabeth Bott[2], Philipp Mayer[3], etc., avant d'être repris par les linguistes. Les

---

1. John Barnes, Class and Committees in a Norwegian Island Parish, in *Human Relations*, n° 7, 1954.
2. Elizabeth Bott, *Family and social network*, Londres, Tavistock, 1957.
3. Philipp Mayer, Labour migrancy and the social network, in *Problems of transition*, University of Natal Press, 1964.

interactions dont parlait Barnes, les rapports sociaux, passent en effet par une langue ou par des langues, et les points reliés par des lignes symbolisent, comme chez lui, une paroisse entière ou, comme dans l'exemple présenté plus haut, une simple famille, chacune de ces lignes représente du discours. Mais ces discours n'ont pas nécessairement la même forme et ces réseaux peuvent correspondre à des sociolectes ou à des langues différentes, en même temps qu'ils peuvent jouer un rôle dans la diffusion des innovations linguistiques, du changement.

Ainsi la linguiste britannique Lesley Milroy, étudiant les réseaux de communication dans la ville de Belfast[1], note que les membres de la classe ouvrière ont un réseau de communication beaucoup plus dense que les membres des classes moyennes ou supérieures : ils se fréquentent à la fois dans le cadre du travail, des loisirs, du voisinage, et leur sociolecte s'en trouve renforcé.

Ainsi, la cohésion d'un réseau de communication assure la cohésion d'un sociolecte tandis que, dans une communauté linguistique, les différences entre sociolectes sont fonction de la distance sociale entre leurs locuteurs. Cette approche, qui s'inspire à la fois de l'anthropologie et de l'ethnographie de la communication, débouche donc sur le problème du changement des pratiques linguistiques. Nous allons en présenter un exemple plus limité.

Etudiant la communauté chinoise de Newcastle (5 à 7 000 personnes parlant à la fois l'anglais et un dialecte chinois) avec l'aide d'un étudiant, Li Wei, Milroy note que :

— la famille constitue le premier degré d'organisation sociale (la communauté chinoise s'est principale-

---

1. Lesley Milroy, *Language and Social Networks,* Londres, Blackwell, 1980.

ment organisée sur la base du travail familial, en particulier dans l'alimentation et la restauration) ;
— on peut identifier trois groupes de locuteurs (qui ne correspondent pas exactement à la tripartition que l'on pourrait imaginer entre grands-parents, parents et enfant) : le groupe de la première génération de migrants, un second groupe constitué par les migrants venus avec l'aide des précédents (que Milroy appelle des « migrants sponsorisés », le plus souvent des parents ou des amis des premiers arrivants), et le groupe des Chinois nés sur place et ayant la nationalité britannique[1].

Ces groupes entrent dans des réseaux de relations très différents. Les deux premiers entretiennent des relations essentiellement avec les membres de la famille et avec d'autres Chinois impliqués dans les mêmes activités économiques, mais dans le second groupe ceux qui ont une activité économique limitée fréquentent surtout la famille, tandis que le troisième développe des relations hors du milieu chinois et hors des activités de restauration ou d'alimentation : la majorité de ses membres a fait des études et vise d'autres types d'occupation professionnelle. Milroy résume cette situation dans le tableau ci-contre.

Quelles sont les retombées linguistiques de cette organisation en différents réseaux ? L'analyse de vingt-trois heures d'enregistrement de conversations entre membres de dix familles différentes montre que les choix de langue varient considérablement selon l'interlocuteur :

— les locuteurs n'utilisent que le chinois pour parler aux grand-parents ou à des Chinois de la génération des grands-parents ;

1. Lesley Milroy, Li Wei, A social network perspective on code-switching and language choice : the example of the Tyneside Chinese community, in *Plurilinguismes,* n° 3, Paris, 1992, p. 88-108.

	relations à orientation parentale	relations à orientation ethnique
Groupe 1 (migrants de la première génération)	forte	forte
Groupe 2 (migrants "sponsorisés")	forte	faible
Groupe 3 (britanniques de naissance)	faible	faible

— la conversation entre mari et femme est également exclusivement en chinois ;
— dans les conversations avec les Chinois « britanniques de naissance », on mélange l'anglais et le chinois (sauf les quelques locuteurs qui n'ont pas du tout appris l'anglais) ;
— certains Chinois nés britanniques (tous âgés de moins de dix-huit ans) n'utilisent que l'anglais dans les conversations avec leurs pairs.

A de rares exceptions près, ces locuteurs sont bilingues, mais on voit que les réseaux sociaux dans lesquels ils sont impliqués laissent supposer un changement en cours, qui irait du monolinguisme chinois au monolinguisme anglais en passant par un bilinguisme dans lequel l'anglais domine. Déjà, certains enfants semblent répugner à répondre en chinois lorsqu'on leur parle dans cette langue. Milroy cite l'exemple d'une mère qui offre du riz à sa fille en cantonnais. Celle-ci ne répond pas, puis demande du riz en anglais et finalement accepte l'offre en cantonnais. Les stratégies de communication qui apparaissent ici sont à la fois liées à la situation (synchronie) des acteurs en jeu et à l'évolution de cette situation (diachronie) : il est probable que plus tard la fille ne parlera qu'anglais à ses enfants même si elle comprend le cantonnais.

Cette analyse n'est bien sûr pas complète : il reste à croiser ces variables avec le sexe, l'âge, l'occupation professionnelle, etc., ce que se propose de faire Lesley Milroy. Mais on voit déjà nettement les liens entre les réseaux sociaux, l'alternance codique, les choix de langue et l'avenir du bilinguisme anglais/chinois dans cette communauté.

IV. — **Sociolinguistique et sociologie du langage**

Le linguiste américain Ralph Fasold a publié deux ouvrages conçus comme complémentaires et dont les titres sont significatifs : *The Sociolinguistics of Society* et *The Sociolinguistics of Language*[1]. Dans la préface du premier, il s'expliquait sur cette partition : « L'une de ces subdivisions prend la *société* comme point de départ et la langue comme problème social et comme corpus (...) L'autre grande division part de la *langue,* et les forces sociales sont considérées comme influençant la langue et comme contribuant à une compréhension de sa nature (...). Une autre façon de voir ces subdivisions est de considérer ce volume comme consacré à une forme spéciale de sociologie et le second comme consacré à la linguistique d'un point de vue particulier. »[2]

De son côté, José Pedro Rona faisait en 1970 la distinction entre une *sociolinguistique proprement linguistique,* qui étudierait la stratification interne de l'ensemble constitué par la langue, ses dialectes et ses patois, et une *sociolinguistique alinguistique,* qui étudierait les effets de la société sur l'ensemble précédent[3].

---

1. Ralph Fasold, *The Sociolinguistics of Society,* Oxford, Blackwell, 1984 ; *The Sociolinguistics of Language,* Oxford, Blackwell, 1990.
2. *The Sociolinguistics of Society,* p. x.
3. José Pedro Rona, A Structural view of sociolinguistics, 1970, cité par Humberto Lopez Morales, *Sociolinguistica,* Madrid, Gredos, 1989, p. 23-24.

Nous aurions ainsi deux approches différentes qui, sous des noms variés, se ramènent toujours à la même distinction de base : il y a d'un côté la langue, de l'autre la société, et aucune démarche heuristique ne peut considérer ces deux ensembles d'un même point de vue. Joshua Fishman allait dans le même sens lorsque après avoir longuement présenté la « sociolinguistique » il écrivait : « La sociologie du langage est tout aussi intéressante pour qui étudie de petites communautés que pour qui s'occupe de l'intégration nationale et internationale. Elle doit clarifier la transition d'une situation de contact direct à une autre. Elle doit éclairer les différentes convictions et les divers comportements en ce qui concerne la langue de groupes entiers ou de classes entières de la société. Dans certains cas, il faut mettre l'accent sur la variation entre des variétés étroitement apparentées ; d'autres fois, on étudie la variation entre des langues nettement différentes. »[1]

On voit donc que la position dominante consiste à maintenir deux entités distinctes, la langue et la société, à considérer la langue comme fait social certes, mais à lui conserver son autonomie, c'est-à-dire à conserver à la linguistique son autonomie. Humberto Morales Lopez est sur ce point très clair, qui distingue deux grands groupes dans les études consacrées à la sociolinguistique : les unes, les plus fréquentes selon lui, décrivent les aspects linguistiques de la société, et les autres étudient les phénomènes linguistiques en relation avec certaines variables sociales. Et il ajoute : « Les différences, qui sautent aux yeux, procèdent de l'objet d'étude sélectionné : la langue ou la société (...) Le fait d'accepter la (socio)linguistique comme une discipline linguistique rendrait vainc toute discussion de son objet d'étude, celui-ci ne pouvant être autre chose que la

---

1. Joshua Fishman, *Sociolinguistique,* Nathan-Labor, Paris-Bruxelles, 1971, p. 69.

langue. Dans toute recherche de cette nature, la langue est la variable dépendante. Mais la langue entre aussi en jeu dans des recherches d'un autre ordre. Il est clair qu'ici sa grammaire ou son lexique, qui constituent le matériel d'analyse du linguiste, ne nous intéressent plus ; ce ne sont plus que des entités homogènes qui font partie de structures sociales plus larges. »[1]

Pour lui, il y a certes des phénomènes liés aux langues qui concernent l'étude des sociétés : le nombre de langues, leurs fonctions, le nombre de leurs locuteurs, etc. Mais il s'agit là de la description de l'aspect linguistique de la société, que l'on pourrait décrire sous d'autres aspects : du point de vue de la religion, du droit, des arts populaires, etc.

On peut voir dans toutes ces discussions une exacerbation du conflit originel, celui qui opposait Meillet à Saussure. En effet, même si l'œuvre de Meillet est loin de répondre à ses exigences théoriques, même s'il n'a pas su voir que l'approche sociale des faits linguistiques ne pouvait se faire que sur le dos de la linguistique structurale naissante, le problème est bien là, dans la défense d'un côté d'une linguistique qui étudierait d'abord « la langue en elle-même et pour elle-même » et de l'autre d'une linguistique qui irait jusqu'au bout des implications de la définition de la langue comme fait social.

Les exemples analysés dans les chapitres précédents nous montrent que les différents problèmes abordés dans ce livre sont largement imbriqués, que les sentiments linguistiques des locuteurs de Norwich ne sont compréhensibles si l'on prend en compte le sexe des locuteurs, que la prononciation des habitants de Martha's Vineyard n'est pas explicable sans passer par l'attitude des locuteurs face à l'île, que la situation

---

1. Humberto Lopez Morales, *Sociolinguistica,* Madrid, Gredos, 1989, p. 25-26.

linguistique du marché de Dakar témoigne d'un phénomène véhiculaire, que le plurilinguisme des marchands de Ziguinchor est déterminé par le statut social que leur confère le fait d'être wolof ou peul, que le comportement linguistique des Chinois de Newcastle est étroitement lié aux réseaux sociaux dans lesquels ils sont impliqués, etc. Et la discussion que nous avons eue au chapitre précédent sur la notion de *communauté linguistique* nous montre en même temps qu'à rester dans la langue, ou à rester dans la société, on se condamne à l'impuissance. C'est pourquoi les distinctions entre *sociolinguistique* et *sociologie du langage*, entre *approche micro* et *approche macro*, n'ont aucune pertinence théorique. Elles ont, certes, une valeur méthodologique : on peut selon les cas travailler sur de grands groupes ou sur quelques locuteurs, étudier les réalisations d'une variable ou l'alternance codique, analyser les sentiments linguistiques et la forme des langues utilisées, calculer la statistique d'apparition des langues sur un marché ou décrire la syntaxe d'une langue, mais toutes ces approches ne constituent pas des sciences séparées puisque leur objet est unique et que, comme nous l'avons écrit à la fin du chapitre précédent, *l'objet d'étude de la linguistique n'est pas seulement la langue ou les langues mais la communauté sociale sous son aspect linguistique.* De ce point de vue, il n'y a plus lieu de distinguer entre sociolinguistique et linguistique, et encore moins entre sociolinguistique et sociologie du langage.

Cette position n'est bien entendu pas dictée par le goût (une préférence que l'on aurait pour telle ou telle définition de la linguistique ou de la sociolinguistique) ni par l'idéologie, mais par un souci d'un tout autre ordre. Ce qui est en effet ici en cause, c'est le *pouvoir explicatif* de la science. Une théorie est d'autant plus puissante qu'elle explique mieux le plus grand nombre de faits. Or, pour revenir au début de ce livre, à la conception qu'avait Meillet de la langue comme fait social, il est évident que le défi lancé à la science par cette conception (défi que Meillet n'a pas su relever) était de pouvoir expliquer tous les faits de langues (synchroniques comme diachroniques) en relation constante avec la société dont ces langues sont le moyen d'expression. *Expliquer* et pas seulement *décrire*. La description des langues et des situations linguistiques est en effet une chose relativement simple (même s'il y faut, bien sûr, une théorie), mais qui reste à la surface des faits, qui est scientifiquement *faible*. Pour comprendre le pourquoi de ces situations, le pourquoi du changement linguistique, des attitudes et des stratégies, il faut aller à la racine — sociale — des phénomènes, et c'est cela qui rend caduque l'opposition entre linguistique et sociolinguistique.

Chapitre VI

LES POLITIQUES LINGUISTIQUES

L'intérêt d'une science ne se mesure pas seulement à son pouvoir explicatif mais aussi à son utilité, à son efficacité sociale, en d'autres termes à ses possibles applications. On aura compris, à la lecture des chapitres précédents, que les applications de la sociolinguistique sont nombreuses. Mais le domaine dans lequel elles ont été le plus élaborées concerne l'intervention sur les langues et sur les relations entre les langues dans le cadre des Etats.

Commençons par deux définitions. Nous appellerons *politique linguistique* un ensemble des choix conscients concernant les rapports entre langue(s) et vie sociale, et *planification linguistique* la mise en pratique concrète d'une politique linguistique, le passage à l'acte en quelque sorte. N'importe quel groupe peut élaborer une politique linguistique : on parle par exemple de « politiques linguistiques familiales », on peut aussi imaginer qu'une diaspora (les sourds, les gitans, les yiddishophones...) se réunisse en congrès pour décider d'une politique linguistique. Mais, dans un domaine aussi important que les rapports entre langue et vie sociale, seul l'Etat a le pouvoir et les moyens de passer au stade de la planification, de mettre en pratique ses choix politiques. C'est pourquoi, sans exclure donc la possibilité de politiques linguistiques qui transcendent les frontières (c'est par exemple le cas de la francophonie) ni celle de politique linguistique concernant des entités plus petites que l'Etat (sur les langues régionales par exemple), nous allons essentiellement présenter des exemples de politiques linguistiques nationales.

I. — **Deux gestions du plurilinguisme : l' « in vivo » et l' « in vitro »**

Lorsque l'on considère le nombre de langues qui existent à la surface du globe, on peut avoir l'impression que toutes les conditions sont réunies pour que les hommes ne se comprennent pas. Pourtant, malgré ce que certains considèrent comme la malédiction de Babel, la multiplication des langues, la communication fonctionne partout. C'est qu'il y a deux types de gestion du plurilinguisme : l'une qui procède des pratiques sociales et l'autre de l'intervention sur ces pratiques. Le premier, que nous appellerons gestion *in vivo,* concerne donc la façon dont les gens, confrontés quotidiennement à des problèmes de communication, les résolvent. Nous en avons vu plusieurs exemples dans les chapitres précédents. Ainsi ce que nous avons appelé les « langues approximatives » (les pidgins), ou encore les langues véhiculaires, sont-elles typiquement le produit d'une gestion *in vivo* du plurilinguisme. Dans les deux cas en effet la communication est assurée grâce à la « création » d'une langue, et cette création ne doit rien à une décision officielle, à un décret ou à une loi, elle est simplement le produit d'une pratique.

Cette pratique ne résout d'ailleurs pas seulement les problèmes du plurilinguisme. Ainsi, chaque jour, dans toutes les langues du monde, des mots nouveaux apparaissent, pour désigner des choses (objets ou concepts) que la langue ne désignait pas encore. Cette *néologie spontanée* a été particulièrement active à l'époque coloniale dans les langues africaines. En effet, les sociétés colonisées étaient confrontées à des technologies (la voiture, le train, l'avion...), à des structures (l'administration, l'hôpital...) ou à des fonctions (officier, médecin, gouverneur...) importées d'Occident et qu'il fallait nommer. On peut ainsi étudier la façon dont une population met à profit sa compétence linguistique pour forger des mots nouveaux désignants des notions nouvelles.

Mais il est une autre approche des problèmes du plurilinguisme ou de la néologie, celle du pouvoir. C'est la gestion *in vitro* : dans leurs laboratoires des linguistes analysent les situations et les langues, les décrivent, font des hypothèses sur l'avenir des situations, des propositions pour régler les problèmes, puis les politiques étudient ces hypothèses et ces propositions, font des choix, les appliquent. Nous verrons ci-dessous plusieurs exemples de cette gestion, mais il faut tout d'abord souligner que ces deux approches sont extrêmement différentes et que leurs rapports peuvent parfois être conflictuels, si les choix *in vitro* prennent le contre-pied de la gestion *in vivo* ou des sentiments linguistiques des locuteurs. Ainsi il sera difficile d'imposer à un peuple une langue nationale dont il ne veut pas, ou dont il pense qu'elle n'est pas une langue, mais un dialecte, etc. Il serait également peu cohérent de chercher à imposer pour cette fonction une langue minoritaire s'il existe déjà une langue véhiculaire largement utilisée. La politique linguistique pose donc tout à la fois des problèmes de contrôle démocratique (ne pas laisser faire n'importe quoi par les « décideurs ») et d'interaction entre l'analyse des situations que fait le pouvoir et celle, souvent intuitive, du peuple.

II. — L'action sur la langue

Les langues, nous l'avons vu, changent, elles changent sous l'effet de leurs structures internes, des contacts avec d'autres langues et des attitudes linguistiques. Mais on peut aussi les faire changer, intervenir sur leur forme. L'action sur la langue peut avoir différents objectifs dont les principaux sont la modernisation de la langue (dans l'écriture, le lexique), son « épuration » ou sa défense.

1. **La réforme de l'écriture en Chine.** — Chacun sait que la langue chinoise n'est pas transcrite à l'aide d'un alphabet et qu'on utilise pour l'écrire des *caractères*. N'étant pas, comme l'alphabet, organisés sur le modèle de la « double articulation » (un nombre limité de phonèmes permettant de composer un nombre illimité de mots), ces caractères sont, par nécessité, très nombreux. On compte ainsi qu'il y aurait :

— 6 763 caractères de base, dont environ 4 000 très fréquents et nécessaires pour la lecture ou l'écriture de textes simples, quotidiens (un « bachelier » chinois doit connaître ces caractères) ;
— 16 000 autres caractères qui, ajoutés aux précédents, permettent d'imprimer tous les livres anciens et modernes (nous en sommes donc à près de 23 000 caractères) ;
— 34 000 caractères, peu utilisés, qui viennent s'ajouter aux précédents[1].

Chacun de ces caractères est composé d'un certain nombre de traits qui doivent être tracés dans un ordre et dans un sens immuables : tel trait avant tel autre, de gauche à droite ou de haut en bas, etc. En voici un

1. Zhou Youguang, Modernization of the Chinese Language, in *International Journal of the Sociology of Language,* n° 59, 1986.

exemple simple, celui du caractère transcrivant la « fleur » :

Les sept traits qui composent ce caractère doivent être tracés dans l'ordre suivant :

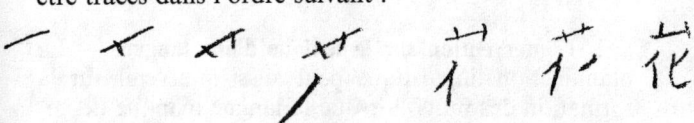

On voit immédiatement les problèmes d'apprentissage et de mémorisation que pose un tel système, et le gouvernement communiste, dans le but de faciliter au peuple l'accès à l'écriture, a mis en place en 1955 une réforme de la graphie : 515 caractères et 54 particules furent simplifiés, passant d'une moyenne de 16 traits à une moyenne de 8 traits. Voici trois exemples de cette simplification :

Caractère classique   *Caractère simplifié*

ma (cheval)

ji (calculer)

chi (char, véhicule)

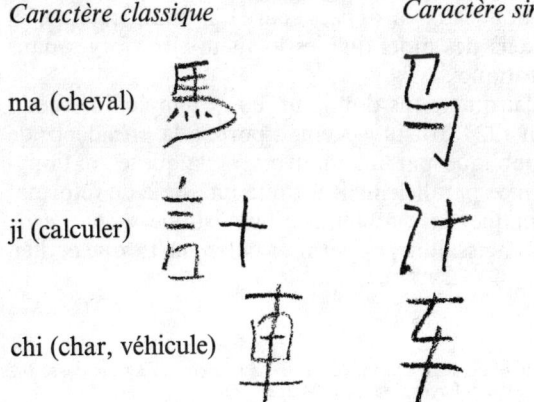

Cette simplification, réduisant le nombre de traits, favorise certes l'apprentissage et la mémorisation des caractères, mais elle entraîne en même temps une déperdition sémantique. Ainsi le caractère classique pour « calculer » est composé, à gauche, du caractère de la « parole » et à droite du caractère pour « dix », ce qui donne un sens global de « dire les chiffres de un à dix », sens qui n'est plus apparent dans le caractère simplifié.

2. L'intervention sur le lexique d'une langue. — La planification linguistique peut aussi intervenir sur la formation des mots, lorsque la langue manque de vocabulaire ou lorsque l'on veut remplacer certains mots par d'autres.

Dans le premier cas, il s'agit de *néologie*. Lorsqu'une langue change de statut, devient par exemple langue d'enseignement, il faut lui forger les mots nécessaires à cette fonction : termes grammaticaux, vocabulaire des mathématiques, de la chimie, etc. Ce cas de figure se produit fréquemment dans les situations postcoloniales, et cette néologie *in vitro* peut entrer en conflit avec la néologie *in vivo,* si, face aux mots nouveaux proposés par les planificateurs, il existe déjà des mots que les locuteurs ont forgés dans leur pratique[1].

La Turquie nous donne un bon exemple du second cas. En 1923 Mustafa Kemal, porté à la présidence de la République par un mouvement laïque et nationaliste, lance parallèlement à toute une série de réformes économiques la « révolution linguistique » *(dil devrimi).* Il s'agissait de moderniser la langue turque et d'en

---

1. Voir Louis-Jean Calvet, *La guerre des langues et les politiques linguistiques,* Paris, Payot, 1987, p. 234-245.

supprimer toutes les influences musulmanes et ottomanes, et les principales décisions seront :
— de passer de l'alphabet arabe (qui notait mal les onze voyelles du turc) à un alphabet inspiré de l'alphabet latin (le nouvel alphabet est adopté par l'Assemblée nationale en 1928) ;
— de supprimer l'enseignement de l'arabe et du persan dans les écoles (1929) ;
— de remplacer systématiquement les mots empruntés à l'arabe ou au persan par des mots d'origine turque (une commission *ad hoc* est créée à cet effet en 1932) ;
— de demander aux citoyens turcs de prendre un nom d'origine turque : pour donner l'exemple, Mustafa Kemal changera son nom en Atatürk, « le père de la Turquie »[1].

3. **La standardisation d'une langue : l'exemple de la Norvège.** — Lorsque après trois siècles de domination danoise (1523-1814) la Norvège passe sous juridiction suédoise avant d'obtenir son indépendance, sa situation linguistique est compliquée. Coexistent en effet le danois littéraire, enseigné dans les écoles, un standard urbain et différents dialectes, et de nombreuses propositions vont se succéder pour construire une langue proprement norvégienne. On va ainsi opposer d'abord le danois (dansk) au norvégien (norsk), puis le *rigsmaal* au *landsmaal*, le *bokmaal* au *landsmaal* et enfin le *bokmal* au *nynorsk*. Derrière ces appellations il y a des réalités variables : *rigsmaal* puis *bokmaal* désignent toujours la langue la plus proche du danois, tandis que le *landsmaal* puis le *nynorsk* désignent la langue que

---

1. Sur tous ces points, voir L. Bazin, La réforme linguistique en Turquie, in *La réforme des langues, histoire et avenir,* t. 1, Hambourg, Buske Verlag, 1985.

l'on tente de standardiser en partant des différents dialectes du pays.

Cette standardisation va essentiellement porter sur la graphie de la langue et le Parlement norvégien votera des réformes orthographiques successives (1907, 1913, 1916, 1923, 1934, 1936, 1938, 1941, 1945...) qui correspondent chaque fois à des options politiques différentes : les tenants du *landsmaal* sont plutôt à droite et ceux du *nynorsk* plutôt à gauche, les premiers sont partisans d'une langue plus proche du danois, les seconds d'une langue populaire.

Ces deux langues coexistent encore aujourd'hui, les écoles peuvent choisir des manuels rédigés dans l'une ou l'autre des orthographes, les journaux utilisent également l'une ou l'autre des formes, mais un sondage d'opinion (Gallup, 1946) a montré que le peuple était plutôt pour la fusion du *landsmaal* et du *nynorsk* : ici encore les sentiments linguistiques, la politique linguistique « spontanée », *in vivo,* étaient différents des choix des planificateurs, *in vitro,* beaucoup plus marqués que l'ensemble des locuteurs par la volonté de démarquer le norvégien du danois. On voit donc que la politique linguistique peut avoir une fonction symbolique et idéologique forte : il s'agit essentiellement en Norvège d'effacer dans la langue les traces de la domination danoise et d'affirmer par l'unification linguistique l'existence d'une nation norvégienne.

III. — **L'action sur les langues**

Dans les situations de plurilinguisme, les Etats sont parfois amenés à promouvoir telle ou telle langue jusque-là dominée, ou au contraire à retirer à telle autre un statut dont elle jouissait, en bref à modifier le statut et les fonctions sociales des langues en présence. Nous allons successivement présenter deux exemples de ce type d'intervention : le choix d'une langue nationale et la « récupération » d'une langue.

1. **Le choix de langue nationale : la Malaisie.** — Lorsque l'Indonésie obtient son indépendance au milieu des années 40, elle décide d'adopter comme langue nationale le malais, langue véhiculaire jusque-là utilisée principalement dans les ports et sur les marchés. La langue la plus parlée dans l'archipel est alors, de loin, le javanais, et l'on y trouve en outre deux cents parlers différents regroupés en dix-sept ensembles dialectaux. Mais ce choix avait comme avantage de mettre en fonction officielle *la langue de personne,* une langue qui permettait de faire l'économie de polémiques et de conflits ethniques. Cette politique, qui constitue une évidente intervention *in vitro* sur *les* langues, va être suivie d'une action sur *la* langue. Il faudra en effet donner au malais (rebaptisé *bahasa indonesia,* « langue indonésienne ») un vocabulaire adéquat à ses nouvelles fonctions. A cette fin, on décida une stratégie d' « asiatisation » du lexique : choisir en priorité un mot existant déjà en *bahasa indonesia,* choisir un mot dans une autre langue de l'archipel s'il n'en existait pas en *bahasa,* sinon choisir un mot dans une autre langue asiatique, la solution consistant à prendre un terme d'une langue internationale européenne venant en dernier lieu[1].

C'est ainsi que dans le domaine politique on préféra au mot *autonomi,* largement utilisé par la population, un mot plus local, *swantantra,* et que dans le domaine scientifique on préféra le mot arabe *zarrah* pour désigner l'atome au mot international emprunté au grec : la néologie avait ici, comme la graphie dans l'exemple norvégien, de fortes connotations idéologiques.

---

1. S. Takdir Alisjahbana, *Language planning for modernization, the case of Indonesian and Malaysian,* Mouton, 1976.

2. **La « récupération »[1] d'une langue : la Catalogne**.
— Le cas de la Catalogne est exemplaire en ce sens que le travail des linguistes, la politique linguistique et la politique tout court y sont étroitement mêlés.

La situation catalane à l'époque du franquisme aurait pu être prise par Charles Ferguson comme exemple de diglossie : le castillan (espagnol) était d'évidence la langue dominante (« variété haute » pour Ferguson) et le catalan la langue dominée (« variété basse »). Face à cette situation, les linguistes catalans (en particulier Ll. Aracil et R. Ninyoles) ont d'abord développé une critique théorique du concept de diglossie à partir de la situation concrète que vivait la Catalogne : comme nous l'avons indiqué au chapitre II, Ferguson et Fishman avaient en effet tendance à gommer les conflits qui caractérisent les situations de diglossie et à présenter comme normale une situation de domination. Mais il faut ici souligner que l'expression « langue dominée » (comme celle de « langue dominante ») est une métaphore : ce sont les peuples, non les langues, qui sont dominés (ou dominants). Or, après la mort de Franco, la Catalogne obtenant un statut d'autonomie, son gouvernement a fourni un relais aux linguistes, en créant un certain nombre d'institutions propres à changer la situation linguistique. La Constitution espagnole de 1978 introduisait dans son article 3 une distinction entre la langue officielle de l'Etat et les langues officielles des communautés autonomes mais, surtout, elle baptisait la langue de l'Etat *castillan* et non plus *espagnol,* soulignant par cette variante sémantique qu'il s'agissait à l'origine de la langue de la Castille et non pas de l'Espagne. Dans le

1. Les linguistes catalans utilisent la notion de *normalisation* que pour ma part je n'emploie pas, car elle a connu une dérive de la théorie (les travaux de Lluis Aracil) à l'idéologie et risque en outre de connoter un certain dogmatisme. L'idée de *normaliser* présuppose que l'on sache ce qui est *normal...*

droit fil de cette constitution, le Statut d'Autonomie de la Catalogne précisait dans son article 3 :

« 1. La langue spécifique de la Catalogne est le catalan.
« 2. La langue catalane est la langue officielle de la Catalogne, ainsi que le castillan, langue officielle de tout l'Etat espagnol. »

C'est dans ce cadre juridique étroitement balisé que va se dérouler la « récupération » du catalan en Catalogne. En 1983 est votée une loi de « normalisation linguistique » stipulant par exemple que tous les enfants des écoles (c'est-à-dire catalans ou non catalans) devaient acquérir les deux langues, que les activités commerciales, publicitaires ou sportives devaient se tenir en catalan, etc.

Comme le souligne Henri Boyer, la finalité de toute cette planification était d'instituer en Catalogne un *bilinguisme non diglossique*[1]. Elle est aussi intervenue sur le domaine de l'environnement linguistique (panneaux routiers, inscriptions officielles) et a favorisé les travaux des sociolinguistes qui ont multiplié les enquêtes sur la situation de bilinguisme. On peut cerner l'évolution de cette situation en comparant les réponses aux questions portant sur la connaissance du catalan dans les recensements de 1975 et 1986[2] :

	ne comprennent pas le catalan	comprennent le catalan	le parlent	l'écrivent
1975	25,7%	74,3%	53,1%	14,5%
1986	11%	90,3%	59,8%	30,1%

1. Sur le cas de la Catalogne, voir Henri Boyer, *Eléments de sociolinguistique*, Paris, Dunod, 1991.
2. D'après Boyer, *op. cit.*, p. 133.

On voit que sur tous les plans (compréhension, usage oral, usage écrit) le catalan a notablement progressé. Et cet exemple constitue une sorte d'optimisation de la politique linguistique, car l'action sur les langues, la tentative de construire un bilinguisme non diglossique, ne peut pas être ici considérée comme une intervention uniquement linguistique : la Catalogne avait besoin de cette politique linguistique pour asseoir son autonomie, et dans l'échec ou la réussite de cette « récupération » se joue aussi l'avenir de la Generalitat.

Et ceci nous ramène, pour finir, à quelques considérations plus théoriques. On peut en effet se demander ce que l'idée même de politique et de planification linguistique implique de propriétés de la langue et de ses liens avec la société. En d'autres termes : que doit être la langue pour qu'une politique linguistique soit possible ? Nous avons vu tout au long de ce livre que la sociolinguistique ne pouvait se constituer de façon cohérente qu'en refusant la coupure instituée par le structuralisme entre un « instrument de communication », la langue, et ses conditions d'utilisation. La solution que nous avons proposée consiste à inverser l'approche du problème, et à dire que *l'objet d'étude de la linguistique n'est pas seulement la langue ou les langues mais la communauté sociale sous son aspect linguistique*. Cette sociolinguistique appliquée qu'est la politique linguistique ne peut donc être qu'une intervention sur la société par le biais des langues. Et elle présuppose alors deux propriétés à la langue :

— la propriété de changement interne, et l'histoire des langues est là pour la confirmer : toutes les langues changent à travers le temps ;
— la propriété de changement externe, c'est-à-dire de changement dans les rapports entre les langues : les cas indonésien ou catalan brièvement présentés ici nous la confirment également.

Mais la politique linguistique présuppose aussi que ces changements puissent être le produit d'une action *in vitro,* que l'homme puisse consciemment changer la langue, les rapports entre les langues, et donc la situation sociale. L'enjeu de cette présupposition est énorme, lorsque l'on songe aux nombreuses situations dans lesquelles la domination sociale se lit dans la domination linguistique. Mais cet enjeu n'est pas seulement pratique, il est également théorique, toute intervention sur les langues et sur les situations linguistiques étant étroitement liée à l'analyse préalable de ces langues et de ces situations.

CONCLUSION

De nombreux chercheurs ont souligné l'échec de ceux qui ont essayé de donner une définition de la sociolinguistique. Mais la raison de cet échec est simple : dans tous les cas, ces auteurs tentaient de définir la sociolinguistique *par rapport* à la linguistique. Or c'est l'inverse qu'il faut faire. Si l'on prend au sérieux l'affirmation, assez largement acceptée, selon laquelle la langue est un fait (ou un produit) social, alors *la linguistique ne peut être définie que comme l'étude de la communauté sociale sous son aspect linguistique.* Et la sociolinguistique ne peut à son tour se définir que comme *la* linguistique. On voit tous les inconvénients sémantiques de cette proposition. Elle nous force en effet à définir deux linguistiques, la linguistique 1, celle qu'illustrent par exemple le structuralisme et le générativisme, et la linguistique 2, celle qui découle de la définition ci-dessus. Mais la linguistique 1 n'aurait alors plus aucune raison d'être, sauf à la considérer comme la partie de la sociolinguistique qui décrirait le fonctionnement interne des langues. Et il n'est pas sûr qu'une telle abstraction (fonctionnement interne de la langue et des langues, sans prise en compte de leur réalité sociale) soit même acceptable.

C'est pourquoi la conclusion de ce livre tiendra en peu de chose, en une simple innovation graphique. Il est en effet difficile de manier les termes *sociolinguistique* et *linguistique* lorsque l'on pense que le premier englobe le second, et les habitudes lexicales sont tenaces. C'est pourquoi le titre de ce livre innove modestement, par l'utilisation de parenthèses : (socio)linguistique. Le lecteur aura compris ce qu'elles signifient : leur vocation à disparaître avec ce qu'elles enferment. Mais, pour pouvoir à nouveau baptiser *linguistique* la science étudiant la communauté sociale sous son aspect linguistique, il faudra attendre que la linguistique 2 ait absorbé la linguistique 1. Car il reste bien sûr à élaborer des descriptions qui illustrent cette proposition. La (socio)linguistique est une science en devenir.

BIBLIOGRAPHIE

Basil Bernstein, *Langage et classes sociales,* Paris, Ed. de Minuit, 1975.
Pierre Bourdieu, *Ce que parler veut dire,* Paris, Fayard, 1982.
William Bright (ed.), *Sociolinguistics, Proceedings of the UCLA Sociolinguistics Conference,* La Haye, Paris, Mouton, 1966.
Louis-Jean Calvet, *Les langues véhiculaires,* « Que sais-je ? », n° 1916, 1981.
Louis-Jean Calvet, *La guerre des langues,* Paris, Payot, 1987.
Ralph Fasold, *The Sociolinguistics of Society,* Oxford, Blackwell, 1984.
Raplh Fasold, *The Sociolinguistics of Language,* Oxford, Blackwell, 1990.
John Gumperz, *Discourse Strategies,* Cambridge University Press, 1982.
William Labov, *Sociolinguistique,* Paris, Ed. de Minuit, 1976.
William Labov, *Le parler ordinaire,* t. 1 et 2, Paris, Ed. de Minuit, 1978.
Humberto Lopez Morales, *Sociolinguistica,* Madrid, Gredos,1989.
Lesley Milroy, *Language and Social Networks,* Londres, Blackwell, 1980.
Peter Trudgill, *Sociolinguistics,* Harmondsworth, Middlesex, Penguin Books, 1974.

TABLE DES MATIÈRES

Chapitre I — La lutte pour une conception sociale de la langue 5

I. Sausssure/Meillet : l'origine du conflit, 5 — II. Les positions marxistes sur la langue, 9 — III. Bernstein et les handicaps linguistiques, 15 — IV. William Bright : une tentative fédératrice, 17 — V. Labov : la sociolinguistique est la linguistique, 19 — VI. Conclusion, 21.

Chapitre II — Les langues en contact 23

I. Emprunts et interférences, 23 — II. Les langues approximatives, 26 — III. Mélanges de langues, alternances codiques et stratégies linguistiques, 29 — IV. Le laboratoire créole, 35 — V. Les langues véhiculaires, 39 — VI. La diglossie et les conflits linguistiques, 42.

Chapitre III — Comportements et attitudes 46

I. Les préjugés, 46 — II. Sécurité/insécurité, 48 — III. Attitudes positives et négatives, 51 — IV. L'hypercorrection, 55 — V. Les attitudes et le changement linguistique, 57.

Chapitre IV — Les variables linguistiques et les variables sociales 65

I. Un exemple de variables linguistiques : les variables phonétiques, 66 — II. Le « vernaculaire noir-américain », 72 — III. Variables linguistiques et variables sociales, 76 — IV. Les marchés linguistiques, 78 — V. Variations diastratiques, diatopiques et diachroniques : l'exemple de l'argot, 81 — VI. Communauté linguistique ou communauté sociale ?, 86.

Chapitre V — Sociolinguistique ou sociologie du langage ? 92

I. L'approche micro, 92 — II. L'approche macro, 97 — III. Les réseaux sociaux et les langues, 102 — IV. Sociolinguistique et sociologie du langage, 106.

Chapitre VI — Les politiques linguistiques 111

I. Deux gestions du plurilinguisme : l'*in vivo* et l'*in vitro*, 112 — II. L'action sur la langue, 114 — III. L'action sur les langues, 118.

Conclusion 124

Bibliographie 126

Imprimé en France
Imprimerie des Presses Universitaires de France
73, avenue Ronsard, 41100 Vendôme
Janvier 1996 — N° 42 143